무조건 이기는 첫사업

무재고 온라인 쇼핑몰 창업

가장 안전하게 시작해서 평생 돈 버는 확실한 방법!
재고 부담 없이 시작하면 무조건 이길 수밖에 없다!

무조건 이기는 첫 사업 무재고 온라인 쇼핑몰 창업

가장 안전하게 시작해서 평생 돈버는 확실한 방법!

초판 1쇄 발행 • 2020년 05월 27일

지은이 • 황채영

펴낸이 • 김병성

펴낸곳 • 앤써북

출판등록 • 제382-2012-00007호

주소 • 경기도 고양시 일산 서구 가좌동 565번지

전화 • 070-8877-4177

FAX • 031-919-9852

정가 • 17,000원

ISBN • 979-11-85553-63-4 13000

도서문의 • 앤써북 http://answerbook.co.kr

앤써북은 독자 여러분의 의견에 항상 귀기울이고 있습니다.

※ 이 책에서 제공되는 쿠폰 및 서비스는 제공사의 사정에 의해 중지 또는 변경될 수 있습니다.

Preface

머리말

2020년, 멋진 새 출발을 위해 연 초부터 많은 계획들을 하셨을 거라고 생각합니다. 벌써 빠르게 시간이 흘러 2020년의 절반을 지나고 있습니다. 올해 우리는 예상하지 못한 외부 환경으로 인해 우리의 생활이, 우리의 일이 급격히 변화된 것을 누구나 느낍니다. 특히 우리의 삶 속에 빼놓을 수 없는 '일'에 대해서 청년, 중년, 장년, 나이를 불문하고 더욱 더 고민이 깊어집니다.

우리는, 이제 선택을 해야 합니다. 앞으로 어떤 방향으로 우리의 환경이 변화가 될지, 우리가 만들어갈 일이 어떠한 형태가 될지에 대해 예상해보며, 그에 따라 우리도 변화해갈 수밖에 없다는 걸 인지해야 합니다.

쇼핑몰, 투잡, 무재고, 위탁 등 이에 대한 단어들은 이제 너무나 쉽게 접할 수 있습니다. 현재 하고 있는 일에 대한 불안정함과 부수입의 필요성을 느껴 많은 분들이 유행처럼 쇼핑몰 창업에 도전을 하고 있습니다.

사업을, 어떻게 시작할지 고민하고 계신다면 무재고 배송대행을 통해 재고 없이 상품을 판매해보는 것부터 시작하시길 추천 드립니다. 그동안 〈원스톱 생존코스〉 오프라인 강의를 진행하며 많은 분들이 교육을 들으러 오셨습니다. 직장을 다니시면서 두 번째 직업을 찾고 계신 분, 상품을 사입하여 판매를 했지만 부진한 결과로 어려움이 있어 오신 분, 진로를 취업이 아닌 창업을 선택하신 분 등 많은 분들이 오셔서 실제 매출을 일으키고 성장하셨습니다.

무조건, 이길 수 있는 사업이 과연 있을지 저도 고민을 하던 때가 생각납니다. 처음 무재고 배송대행을 알았을 때 선투자 없이 매출이 될 수 있는 보장을 가지고 판매를 할 수 있기에 기뻤습니다. 하지만 많은 시행착오들을 겪었고 그에 따라 시간들이 소모될 수밖에 없었습니다. 그 동안의 경험을 바탕으로 앞으로 사업을 시작하시는 분들께 길잡이가 되고 싶어 이렇게 책으로 집필하게 되었습니다. 이 책에서는 스마트스토어, G마켓, 옥션, 11번가, 인터파크, 티몬, 위메프, 쿠팡, 총 8개의 쇼핑몰을 모두 다루고 있어 한 권의 책으로 많은 도움을 받으실 수 있을 꺼라 확신합니다. 또한 책과 함께 온오프라인 교육을 활용해주신다면 궁금한 사항들에 대해 답변을 받으실 수 있어 빠르게 해결해 나갈 수 있을 거라 생각합니다.

이길 수 있습니다. 우리의 환경은 불안정할지라도, 그 속에서 이제 안정적인 창업을 선택하실 수 있습니다. 이 책을 통해 창업을 시작하여 무조건 이기는 사업, 이기는 삶을 만들어 가시길 기원합니다.

저자 황채영

Recommendation

추천사

저자는 대학생 때 B2B배송대행 사업으로 이미 월 천만원 이상의 수익을 달성한 전문셀러입니다. 투잡, 1인 창업, N잡, 부업, 쇼핑몰, 무재고, 배송 대행, 위탁 판매 등의 키워드에 관심 있는 분들이라면 꼭 읽어보아야 하는 책이라고 생각합니다. 실제로 쇼핑몰을 만들고 수익을 만드는 모든 과정을 알려 주고 있습니다. 안전하게 재고 없이 쇼핑몰 창업을 시작하려는 분들께 꼭 필요한 내용입니다. 책을 통해 정확한 길을 알게 되면 시행착오의 시간을 줄여 무조건 이기는 사업을 할 수 있습니다.

〈도매판매 완벽분석〉 저자, 도매꾹/도매매 운영사 대표 모영일

안녕하세요. 독자 여러분, 전 온라인 통합관리 솔루션 대표 최광림입니다. 샵플링과 2018년 7월 첫 인연으로 창업을 시작하여, 현재 사업을 지속하며 자신의 창업 경험을 이제 막 창업을 시작하는 독자 여러분께 전달하는 강사로서 책을 쓴다고 하여 이렇게 글을 적어 봅니다.

모든 창업이 쉽지 않습니다. 시작도 어려운데 유지하고 지키며 만들어가기가 더 어렵습니다. 거기에다 이 어려운 시기에 부딪혀 많은 분들이 새로운 도전에 대해 고민을 가지고 있으실 거라고 생각합니다. 실제 쇼핑몰 판매 경험과 성황리에 진행 중인 〈원스톱 생존코스〉 오프라인 강의를 바탕으로 누구나 따라할 수 있도록 굉장히 상세하게 구성되어 있습니다. 스마트스토어부터 쿠팡까지 총 8개의 쇼핑몰을 모두 판매 진행 할 수 있도록 A부터 Z까지 설명하고 있습니다. 이제 시작하는 창업자 여러분께 꼭 필요한 내용을 전달해드린다고 추천사를 부탁하여 이렇게 기꺼이 추천사를 작성하며 독자 여러분께 적극 권해드립니다. 이 책으로 창업을 성공할 수 있기를 기원하며 추천 드립니다.

샵플링_대표이사 최광림

최근 많은 직장인분들이 월급만으로는 돈을 모으기 어렵다는 말을 하는 것을 자주 들었습니다. 더군다나 힘든 시기까지 겹쳐 고민이 있으신 분들이 많을 것으로 예상됩니다. 저는 그런 분들에게 이 책이 큰 도움이 될 것이라고 확신합니다. 이 책에서 소개하고 있는 사업은 특히 이미 직장을 가지고 있으시면서 두 번째 직업을 찾으시는 분들, 그리고 새로운 직업을 찾으시는 분들께 매우 적합합니다. 자본금은 많지 않아도 되고, 리스크는 적으며, 집에서 혹은 사무실에서 원하시는 곳 어디든지 컴퓨터만 있다면 할 수 있습니다. 그러한 사업을 시작하는 방법에 대해 아주 상세히 기술한 책입니다. 또한 본 책의 내용을 바탕으로 온라인, 오프라인 강의가 시중에 있어 앞으로 강의를 들으려는 분들, 강의를 들으신 분들은 강의와 책을 병행하면 매우 큰 도움이 될 거라 생각합니다. 이 책을 통해 두 번째 직업, 새로운 직업을 찾으시길 바랍니다.

셀파_대표이사 정문진

Contents
목차

Contents

목차

내 쇼핑몰에 상품 채우기

Chapter 02

Chapter
03

등록한 상품
관리 방법

Contents

목차

Chapter
04

주문처리부터
고객관리까지

사업을 더 키워보자

Chapter **01**

무재고 쇼핑몰 시작하기

내가 만드는 나의 일

세상에는 많은 사업의 종류들이 있다. 그 중에서도 무재고 배송대행을 통한 온라인 유통 사업을 선택한 특별한 이유가 있다. 재고 없이 상품을 판매할 수 있는 무재고 쇼핑몰을 만들게 된 그 선택의 이유를 소개한다. 그리고 사업을 진행한 1년 반이라는 시간 동안 어떤 점들을 배울 수 있었고 어떻게 나의 일을 만들어 나가게 되었는지에 대해 담아보았다.

1 _ 무재고 배송대행을 선택한 이유

알리바바 마윈을 만났다

그를 만난 장소는 어느 기자 회견장이었다. 수많은 기자가 마윈의 모습을 카메라로 찍어댔다. 많은 사람들 속에 마윈과 꽤 먼 거리에 내가 있었고 마윈은 수많은 사람을 뚫고 나에게 다가왔다. 나를 보며 반가운 표정을 지었고 마윈은 나에게 악수를 청했다. 나는 너무 감격스러웠고 그렇게 서로의 오른손이 포개어졌다.

꿈이었다. 나는 잠에 깨어나 이거다 싶었다. 내 인생역전의 순간이 드디어 오는 건가 싶었다. 인생역전 순간을 상상하며 바로 복권을 떠올리게 되었고, 얼른 복권을 구입해야겠다고 생각했다. 바쁜 출근 시간이지만 얼른 준비를 마쳤다. 혹시나 운이 빠져나갈까 봐 아무 말도 하지 않고 핸드폰으로 어떠한 메시지도 보내지 않았다. 나는 곧장 로또 판매점을 찾았다. 하지만 집 근처에 있는 가게들을 아직 이른 시간이라 문을 닫은 상태였다. 나는 어떻게 하지 고민하며 지하철을 탔다. 지하철에서 열심히 회사 근처에서 복권을 파는 곳을 검색했다. 회사 건너편에 있는 편의점에서 로또를 판다는 걸 발견했다. 출근 시간에 촉박해서 뛰어가기까지 했다. 편의점에 도착했고 5천 원을 투자했다. 왠지 모르게 기분이 좋아졌고 안도감을 느꼈다. 나에게 다가올 빛나는 미래를 생각하니 그 날 회사에서도 계속 기분이 좋았다.

마윈과 악수하는 꿈을 꾸고 복권을 산 바로 다음 날이 복권 발표 날이었다. 은근히 온종일 로또 발표가 신경 쓰였다. 밤이 되어 이제 발표가 났겠구나 싶어 확인을 해봤다. 1등 당첨은 개뿔. 5등도 안 됐다. 웃음이 절로 나왔다. 개꿈이었다. 난 역시 노력을 해야 되나보다 싶었다. 난 로또를 통해 뭘 얻으려고 한 걸까. 지금 내 삶에 어떠한 답답함을 느끼는 걸까.

나의 꿈은 창업을 하는 것

지금으로부터 9년 전, 난 반에 한 명쯤 있을 것 같은 그런 조용한 고등학생이었다. 쳇바퀴 굴러가듯 평범한 학교생활을 이어나가고 있었다. 어느 날 과학 선생님께서 나를 따로 부르셨고 나에게 발명대회 소개 포스터를 주셨다. 그렇게 선생님께서 알려주신 발명대회를 처음으로 출전했고 운명처럼 수상까지 하게 되었다. 평범하던 내가 상이라는 것을 받았다는 것에 대해 왠지 모를 자신감이 생겼다. 특기 하나 없는 내가 무언가 도전을 했고 이뤄냈으며 내가 잘할 수 있는 것을 처음으로 발견한 것 같았다. 언젠간 꼭 나의 아이템을 만들겠다고 창업을 해야겠다고 마음속에 새겼다. 그것은 곧 나의 꿈이 되었다.

대학생이 되어 나의 꿈을 현실화하기 위한 노력이 시작되었다. 창업동아리에 들어가서 각종 창업경진대회를 나가며 새로운 아이디어들을 도출했다. 좋은 기회로 정부지원사업에 선정이 되어 직접 내 아이디어를 제품화해서 만드는 소중한 경험도 쌓을 수 있었다.

과일 판매로 매일이 설렜다

내 꿈을 빨리 실현시키고 싶었다. 그래서 지금 나에게 주어진 환경에서 가장 빠르게 할 수 있는 사업을 고민했다. 그렇게 시작된 게 바쁜 일상 속에서 한 끼 대용으로 과일을 섭취 할 수 있게끔 배달을 제공하는 과일배달서비스 한끼과일을 만들게 되었다.

시작하기로 마음을 먹고 이틀 만에 사업 계획을 모두 세웠다. 혼자 직접 공급업체를 찾으러 다녔고 사업을 함께 할 친구들을 모았다. 사업은 정기 배달, 현장 판매로 진행했다. 홍보를 위해 학교의 모든 화장실 칸을 열어가면서 전단지를 붙였다. 학교의 모든 교수진과 교직원의 메일 주소를 모아 과일 정기 배달 홍보 메일을 보냈다. 돈을 아끼려고 사무실 기자재가 있진 않을까 쓰레기장을 뒤져보기도 했다. 자취방에 있는 냉장고를 사무실로 가져오려다가 원룸 아주머니께 혼이 나기도 했다. 힘들었지만 피식 웃음이 나올 만큼 재밌는 일들이 많았다.

인생에 쓴 실패를 맛봤다

여름에서 가을을 지나 겨울이 오기 시작하니 추워져 현장 판매가 어려워졌다. 가장 큰 문제는 수요가 있을 거라 예상해서 미리 대량으로 사놓은 사과였다. 사과를 신선한 상태로 유지하며 보관하는 것에 한계가 있었다. 사무실에 냉장고가 없어서 아이스박스 안에 아이스 팩을 넣어 보관을 하고 팀원 모두 각자 자취방 냉장고에 넣어두기도 했다. 그러나 과일에는 점점 점박이들이 생겼고 한번 생기니 계속 퍼져나갔다. 그렇게 도저히 과일들을 팔 수 없는 지경에 이르렀다.

인정하고 싶지 않았다. 사실 더 일찍 마무리해야 했다는 걸 알았지만 어찌하지 못하고 붙잡고만 있었다. 결국 대량으로 과일을 버렸다. 마음이 아팠지만 어쩔 수 없었다. 그렇게 사업이 끝이 났다. 정말 미쳐있었다. 살면서 이렇게 미치도록 빠질 수 있을 까 싶을 정도로 판매를 하며 지내던 순간들이 힘들었지만 너무 행복했다. 그러나 내가 앞으로 사업이라는 걸 다시 할 수 있을지 자신이 없었다.

나를 계속 움직이게 할 이유

그 후 과일을 팔던 당시의 열정을 다시금 느끼고 싶어 온라인 쇼핑몰을 운영하고 있는 회사에서 아르바이트를 시작했다. 중국이나 다른 업체에서 물건을 대량으로 산 뒤 판매할 수 있도록 제품 검품도 하고 시리얼 번호도 붙인다. 그리고 온라인 쇼핑몰에서 소비자가 구매할 수 있게 상품을 올린다. 상품 속 상세페이지에는 상품 이미지와 글로 소비자가 쉽게 볼 수 있도록 설명을 넣는다. 쇼핑몰에서 주문이 들어오면 고객의 정보를 정리해서 택배 운송장을 출력한다. 소비자에게 보낼 상품을 재점검하고 포장하여 송장을 붙이고 택배를 보낸다. 대부분은 이렇게 끝나지만 반품과 교환이 있을 때는 추가 작업이 생긴다. 아르바이트를 하며 직접 제품 사진을 촬영해보고 쇼핑몰에 상품 등록도 해봤다. 내가 올린 상품의 주문이 들어왔을 때 그 기쁨을 느껴봤다. 상품평에 만족한다는 후기가 올라왔을 때 큰 보람도 느낄 수 있었다.

우리는 쉽게 쇼핑몰에서 주문하고 배송을 받는다. 하지만 상품이 소비자에게 오기까지 많은 과정을 거쳐야 하는 것을 알았다. 소비자가 온라인 쇼핑몰에서 주문하면 회사가 그 상품을 준비해서 보내는 일련의 과정. 소비자에게 어떻게 물건이 가게 되는지 그 과정을 알게 되었다. 창업의 꿈을 다시 키울 수 있는 기회였다. 아르바이트는 흔들리던 내 마음을 잡아주었다.

진짜 인생역전을 꿈꾸며

언제나 나의 꿈은 창업이었기에 취업을 생각하지 않았던 사람이었다. 그러나 끊임없이 흘러가는 시간을 그냥 꿈만 꾸며 보낼 수 없었고, 내 삶에 있어서 취업의 경험이 필요하다는 생각이 들었다. 내가 가진 생각이 고정관념 일 수도 있고 어쩌면 내가 성장할 수 있는 범위를 스스로 제한하는 것일 수도 있겠다 싶었다. 그래서 잠시 방향을 틀어 취업에 도전했다. 관심분야였던 직무를 선택해서 회사생활을 시작했고 그렇게 사회를 버텨내는 어른이 되어가고 있었다.

나가고 싶었다. 좋은 환경의 회사였지만 내 속에 무언가 잘못되었음을 느꼈다. 내가 원치 않는다는 걸 내 자신이 제일 잘 알고 있었다. 그렇게 퇴사를 했고, 그 시점에 나는 도매꾹 쇼핑몰 교육의 홍보 메일을 받았다. 꿈속에 나온 마원은 나에게 일확천금의 돈을 주진 않았다. 하지만 그만큼 성장할 수 있는 기회를 나에게 주었다. 그렇게 나의 진짜 인생역전이 시작되었다.

내가 만드는 나의 미래

창업이라는 목표는 언제나 꿈꿨지만 그 목표를 위해 가야할 길이 눈에 보이지 않았다. 온라인 쇼핑몰을 해야겠다는 생각을 했지만 어떻게 시작해야 될지 눈에 보이지 않았다. 첫 교육을 듣고 난 유레카를 외쳤다. 재고 없이 상품을 판매 할 수 있다는 것이 굉장히 매력적으로 다가왔다. 재고로 인해 실패를 맛봤던 과일 판매 창업의 결과는 실패였지만, 성공이라고 말하고 싶다. 매일이 설레고 마음 속 깊은 곳에서 항상 내가 살아있다는 느낌을 주었다. 또한 나에게 판매라는 것이 즐거운 일이라는 것을 알게 해주었다. 과일 판매를 하면서 느꼈던 그 살아있음을 다시 느낄 수 있을 것 같았다. 24살이었던 나에게 거금인 30만원을 투자해서 교육을 수강했고 사업을 시작할 수 있었다.

무재고 쇼핑몰을 시작하고 2주 정도가 지난 뒤 난 첫 주문을 받았다. 가능성을 직접 두 눈으로 확인한 순간이었다. 내가 앞으로 살아갈 방식을, 내가 나의 미래를 만들어 갈 수 있겠다고 생각했다. 나의 심장이 다시 뜨거워지는 걸 느꼈다.

2 _ 창업 후 1년 반이 지난 지금

시간이 빨리 지나갔다

계절에 따라 상품을 올리고 이벤트에 맞는 상품들을 판매하다보면 1주, 1달, 1년이 참 짧다는 것이 더욱이 크게 느껴졌다. 평소에도 나름 바쁘게 살고 있다고 생각했으나 이 일을 시작하니 자연스럽게 하루가 더 빨리 지나갔다. 학생이었던 나는 어느새 졸업을 했고 사업을 하며 사회를 경험하고 있다.

이젠 먹고 살 걱정 없이 살고 있다. 창업 후 1년 반이 지났고 이젠 월매출 1000만원이 아닌 월수입 1000만원을 넘기도 하며 경제적인 여유를 얻게 되었다. 돈도 돈이지만 제일 좋은 건, 한번 임계점을 넘고 나니 내가 실천했던 방법을 통해 앞으로 빠르게 또 결과를 낼 수 있겠다는 자신감이 생겼다는 것이다. 일에 대한 자신감과 더불어 내가 나를 책임지면서 살아갈 수 있게 되었다. 내가 나의 인생을 만들어 나가며 주체적인 삶을 살기 위해 노력했고 그게 곧 자존감으로써 이어졌다. 그래서 행복하다.

1월	2월	3월	4월	5월	6월	7월	8월	9월	10월	11월	12월
680	1,007	1,163	1,416	1,456	2,079	1,949	524	0	0	0	0

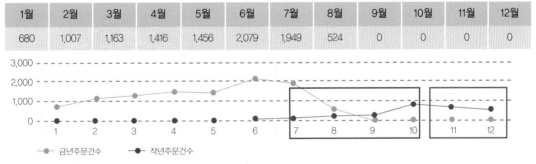

▲ 월별 주문현황(2019년 8월 기준)

평범한 대학생에서 사업가가 되기까지

처음 사업을 시작하고 있었을 때 막 학기 대학생이었다. 학교 수업을 들으며 쉬는 시간 10분을 이용해서 주문 처리를 했다. 끊임없이 오는 전화와 문자들로 인해 책상에 앉아 김밥을 먹으며 끼니를 때우기도 했다. 밤에는 상품등록을 하고 쇼핑몰 공부를 하며 하루에 12시간 넘게 일을 하는 날이 많았다. 하루에 4~5시간을 자면서 당시에는 잠을 푹 잤던 적이 손에 꼽을 정도였다. 그래도 즐거웠다. 정말 재밌는 일을 만나면 잠에서 깨어날 때 1도 고민하지 않고 번쩍 일어난다던데, 딱 그랬었다. 머릿속에는 항상 사업에 대한 생각이 꽉차있었고 열심히 해야겠다는 생각뿐이었다. 그렇게 나도 모르는 사이에 성장하고 있었던 것 같다. 3개월 만에 월매출 1000만원을 만들며 전혀 생각지 못한 결과를 만났다.

1000만원을 넘고 나서는 매출보다는 순이익에 집중을 했다. 1인 기업으로써 어떻게 하면 일을 줄이고 많은 수익을 얻을 수 있을 지를 고민했다. 상품 판매에 대한 마진을 변경하기도 하고 판매 채널을 늘리려고도 노력했다. 무재고 배송대행을 통해 상품을 판매를 한다고 하면 마진이 적을 것이라는 인식이 많다는 것을 알았다. 그리고 사업자라면 누구나 도매매 상품을 판매할 수 있고 진입장벽이 낮아 가격경쟁력에 뒤쳐지지 않을까 의심하기도 한다. 판매를 하다 보니 생각보다 소비자는 구매의 결정 판단을 가격에만 두지 않고 복합적인 요소들이 결합되어 있다는 것을 알았다. 그렇게 1년 반 동안 다양한 시도를 하며 사업에 있어서 월수입 1000만원까지 도달할 수 있었다.

이 일을 하며 제일 힘들었던 건

상품을 직접 가지고 있지 않다고 해서 일이 많지 않은 게 아니었다. 초반엔 상품등록부터 주문받은 상품에 대한 주문처리 과정까지 익숙하지 않다보니 진행이 서툴러서 시간적 손실이 많았다. 상품등록에 대한 기준점 없이 많은 카테고리의 상품을 다루다 보니 고객의 항의가 발생하는 경우의 수도 그에 따라 늘어났다. 유통 과정의 맨 마지막 단계인 최종 소비자와의 직접적인 소통을 해야 되기 때문에 버텨야 되는 일들도 있었다. 나의 잘못이 아닌 일로 나의 잘못이 되곤 했고 억울하지만 아무 말도 할 수 없었다. 평소 같았으면 지극히 평온했던 나의 하루가 일로 인해 오르락 내리락 나의 마음을 붙잡기가 어려웠다.

3개월 만에 월매출 1000만원을 넘고 나서 외부 채널을 통해 인터뷰도 하고 이름이 알려지다 보니, 나의 매출 성과에 대해 쉽게 언급이 되곤 했다. 타인의 입에 오르내리는 것 때문에 신경이 쓰였던 것도 사실이다. 사업을 시작했을 때처럼 결과가 어떻든 신경 쓰지 않던 내가, 하루의 매출이 얼마냐를 따졌고 그 결과로 인해 불안해했다. 사업 초반보다 점점 더 많은 돈을 벌어갔지만 점점 더 행복해지진 못했다. 남의 시선을 의식했으며 더 많이, 더 빠르게 결과를 내야 된다는 생각만 했다. 눈에 보이는 것에 대해 더 크지 못하는 나를 보며 스스로를 자책했다.

미래가 기대대고 설렌다

시간이 흘러 일을 통해 일만이 아닌, 인생을 배워갔다. 재미의 구간을 넘어, 불안의 구간을 넘어, 이젠 설렘의 구간에 들어선 것 같다. 현재 '버킷리스터' 라는 이름으로 사업을 하고 있다. 죽기 전에 하고 싶은 일이라는 뜻인 '버킷리스트'를 내 직업으로써 만들어 나가고 싶다는 의미를 담고 있다. 앞으로 많은 방향으로 도전하고, 하고 싶은 걸 끊임없이 하고 싶다. 눈에 보이는 바로 앞을 보는 것이 아니라 진정으로 내가 원하는 것을 떠올리며 꾸준히 몸을 움직일 뿐이다. 미래를 꿈꾸며 오히려 결과에 신경 쓰지 않고 과정에 초점을 맞추니 타인이 아닌 나에게 집중할 수 있었다. 길을 걷거나 지하철을 타면서 출퇴근을 할 때 항상 생각하고 고민한다. 내가 어떤 방향으로 나아 가야될 지, 내가 지금 초점을 두어야 되는 부분은 무엇인지. 그렇게 사업을 막 시작했었을 때처럼 살아있음을 느끼며 설레는 하루들이 채워진다.

혼자가 아닌 우리 함께

현재 매주 평일 저녁 시간, 여의도 도매꾹 본사에서 '원스톱 생존코스' 오프라인 강의를 진행하고 있다. 그리고 더 많은 분들이 시간과 공간의 제약 없이 무재고 배송대행 판매를 접할 수 있게 '윌비스 N잡 e커머스' 온라인 강의도 진행하고 있다. 유통으로 시작하여 판매가 아닌 교육이라는 장르를 통해 새로운 즐거움을 찾았다. 내색하진 않지만 매번 강의장을 들어설 때마다 항상 희열을 느낀다. 강의를 통해 내가 알고 있는 정보를 교육하며, 이렇게 책으로 쓰는 것까지 이어졌다.

수강하시는 대표님들이 간혹 여쭤보신다. 어떻게 빠르게 결과를 낼 수 있었는지. 가능성이 보이는 이 사업에 난 푹 빠져있었고, 내가 노력할 수 있는 부분에만 집중했다. 일이 일이 아닌, 설렘이 된다면 누구나 성장하고 발전 할 수 있을 것이라고 생각한다. 지금 글을 쓰면서도 사업에 대해 유동적인 사고를 가지고 틀에서 벗어나려 하고 있다. 버킷리스터로서 새로운 일을 만들기 위해 항상 꿈꾸고 있다. 이젠 이 책을 통해 누구나 셀러로서 한 계단씩 나아갈 수 있도록 과정의 길잡이가 되려 한다. 뒤에 나올 내용을 통해 미래의 대표님이 될 독자 분들에게 큰 힘이 되길 진심으로 바란다.

우리가 선택할 유통의 갈림길

재고 없이 상품을 판매할 수 있는 무재고 쇼핑몰과 일반 온라인 쇼핑몰이 어떠한 차이점을 가지고 있는 지 살펴본다. 무재고 배송대행을 통해 판매 경험을 쌓고, 그 다음 단계로 사업을 고민한다면 어떻게 시작하면 좋은 지에 대한 추천 사항들이 있다. 사업의 확장을 위해 국내 판매뿐 만 아니라 해외구매대행과 해외 역직구까지 선택할 수 있는 다양한 유통의 여러 종류에 대해 소개한다.

1 _ 안전한 무재고 쇼핑몰로 시작하자

사람들은 폰을 꺼내 열심히 손가락으로 스크롤을 내린다. 마음에 드는 물건을 발견했다면 장바구니에 넣어두거나 바로 구매하기 버튼을 누른다. 결제가 쉬워지고 소비가 쉬워진 스마트한 시대해 살고 있는 우리에게 쇼핑은 하나의 즐거움이 된다. 주문한 상품은 그 업체에서 직접 열심히 포장을 해서 나에게 보낼 것이라 생각한다. 웬만하면 하루 뒤에 나의 소중한 택배를 맞이하게 될 것이라고 떠올린다. 소비자들은 그렇게 설레는 마음으로 하루를 기다린다.

다양한 창업의 형태가 있지만 그 중 쇼핑몰 창업이라고 하면 그래도 다른 것보다는 익숙하긴 하다. 나도 한번 해볼까? 라는 마음이 들기도 하지만 막상 시작하기는 쉽지 않다. 왜냐하면 판매라는 것을 하려면 당연히 판매할 물건이 있어야 되고, 그 물건을 확보하려면 살 수 있는 돈이 있어야 되기 때문이다. 또한 그 물건들을 직접 포장해서 보내야 되기 때문에 나 혼자는 어렵겠고 누군가가 꼭 함께 해야 가능하지 않을까 생각을 한다.

일반 온라인 쇼핑몰

일반적인 온라인 쇼핑몰의 경우는 다음과 같은 형태를 보인다. 셀러는 상품 공급사를 통해서 판매할 물건을 미리 사입한다. 온라인으로 판매를 하는 것이기 때문에 상품의 특성이 잘 나오게끔 사진 촬영 작업을 하고, 상품 상세설명에 들어갈 상세페이지 디자인 작업을 진행한다. 그 후 언제 팔릴지 예상할 수 없지만, 언젠가 주문을 받게 되면 상품을 포장을 해서 소비자에게 배송을 한다. 배송이 완료 된 후 일정 기간이 지난 후에 소비자가 지불한 금액에서 쇼핑몰 수수료를 제한 금액이 판매자의 계좌로 송금된다.

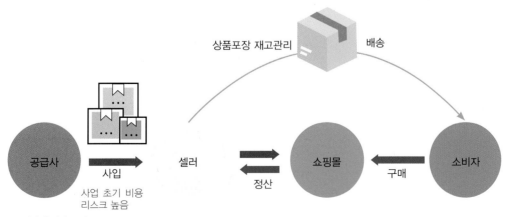

▲ 일반 온라인 쇼핑몰

무재고 배송대행

그렇다면 쇼핑몰이라는 것은 돈이 있는 사람들만, 인력을 채용할 수 있는 사람들만 할 수 있는 것일까. 결론부터 말하면 그렇지 않다. 충분히 혼자서 가능하며 재고 없이 쇼핑몰을 운영할 수 있다. 우리가 판매할 물건을 직접 가지고 있지는 않지만, 물건을 실제로 가지고 있는 분들이 배송하기 때문에 우리는 우선 소비자에게 주문을 받는 부분만 집중하면 된다. 바로 다음 소개할 '도매매' 라는 사이트를 통해서 다음 그림과 같은 구조를 만들 수 있다.

바로 이전 그림의 일반 온라인 쇼핑몰 구조와 달리 공급사와 셀러 사이에 도매매가 존재한다. 공급사는 도매매에 상품을 등록하고, 셀러는 도매매에 있는 그 이미지를 활용하여 나의 쇼핑몰에 등록해둔다. 이후 소비자가 나의 쇼핑몰에서 주문을 하게 되면, 해당되는 상품의 수량만 도매매를 통해 발주를 한다. 공급사는 그 발주 건을 확인한 뒤 소비자의 주소로 바로 배송을 한다.

일반 온라인 쇼핑몰과 무재고 배송대행의 큰 차이점은 배송을 누가 하느냐에 대한 부분이다. 무재고 배송대행을 통해 쇼핑몰을 운영하는 셀러는 상품을 직접 만지지 않고 판매라는 것을 할 수 있다. 또한 셀러는 상품을 미리 사두지 않고 나의 쇼핑몰에 여러 상품을 진열해놓을 수 있다. 미리 투자하는 금액 없이 다양한 상품을 등록하고, 팔린 상품에 대해서만 발주를 하면 된다.

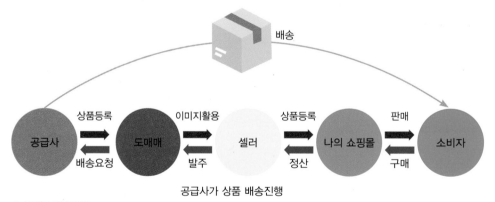

▲ 무재고 배송대행

도매매

도매매는 상품 판매를 활성화 하고 싶은 업체들과 상품을 가지고 있지 않는 셀러를 연결해주는 플랫폼이다. 재고 없이 상품을 판매하고 싶다면 이미 상품을 가지고 있는 자를 찾아야 된다. 셀러들의 이 난관을 해결해준 것이 도매매라고 생각한다.

2020년 3월 12일 기준으로 도매매 488,349개(옵션 제외 기준), 도매꾹 1,132,587개의 상품이 존재한다. 도매매에 등록되어 있는 상품들을 사업자 회원이라면 누구나 이미지를 사용할 수 있다. 이 이미지를 통해 미리 내 쇼핑몰에 상품등록을 한다. 주문이 들어올 경우 도매매를 통해 해당되는 상품, 해당되는 수량만 발주를 한다. 이후에 그 상품의 공급사는 내가 입력한 소비자 주소로 배송과정을 대행한다. 발송 후에는 공급사가 사용한 운송장번호를 알 수 있고, 이 운송장 번호를 나의 쇼핑몰에 입력하여 발송처리를 하면 된다.

2 _ 무재고로 경험 쌓고 사업까지

온라인 창업을 무재고 쇼핑몰로 시작하면 좋은 점은 다양한 상품을 팔아볼 수 있다는 것이다. 사업 없이 내가 상품을 직접 가지고 있지 않더라도 내 쇼핑몰에 상품을 올릴 수 있다. 생활용품부터 가전까지 카테고리 별로 판매를 하다보면 상품의 특성도 다르고 고객의 형태도 다르다는 것을 느낄 수 있다. 배송대행을 통해 모든 카테고리를 다 등록해보고 판매를 해보는 것을 추천한다. 내가 좋아하는 것을 고르는 건 쉬울지 몰라도, 내가 잘 파는 것을 고르는 건 어렵다. 잘 고른다고 할지라도 확실하게 검증하기에는 우리에게 충분한 시간이 필요하다. 판단의 시간을 갖지 않고 많은 돈을 투자해서 사입을 한다면 정말 위험하다. 재고가 곧 마음의 짐이 될 것이며 얼른 팔아야 된다는 걱정과 조급함에 현명한 선택을 하지 못할 수도 있다. 무재고 배송대행으로써 충분히 판매를 해보고 그 다음에 사입을 해도 절대 늦지 않다.

이제 충분히 무재고 판매를 진행했고 어느 정도 안정된 매출이 나오고 있다면, 자연스럽게 더 큰 매출을 일으킬 수 있는 방법에 대해 고민을 할 것이다. 특히 공급사들의 상품들을 팔다보면 품절과 취소에 대한 이슈들이 있어 자연스럽게 내가 직접 내 상품을 다뤄보고 싶다는 생각이 들곤 한다. 또한 매입 가격을 낮추고 가격경쟁력을 갖춰서 마진을 많이 남기고 싶은 소망도 생긴다. 그리고 그 동안 공급사와 소비자의 중간에서 일을 처리해야 되는 구조였기 때문에 답답한 부분에 대한 갈증을 해소하고 싶을 것이다.

만약 첫 사입을 어떻게 할까 고민을 하고 있다면 가장 우선적으로 추천하는 것은 '도매꾹'을 활용하는 것이다. 도매매를 계속 이용하던 우리에게 이 플랫폼은 익숙해져있을 뿐더러 발주 및 배송에 대해 이해도가 높고 접근성이 좋기 때문이다. 또한 지금까지 도매매를 통해 거래했던 익숙한 공급사들이 있기 때문에 신뢰에 대한 걱정도 덜 할 것이다.

도매꾹은 도매매를 가입한 아이디로 동일하게 사용가능하다. 홈페이지 상단 바를 통해 각 사이트를 이동하며 사용할 수 있다. 도매꾹과 도매매의 가장 큰 차이점이라고 하면, 도매꾹은 최소구매수량이라는 구매조건이 있다는 것이다. 최소구매수량 이상 선택해야 주문이 가능하다. 도매매보다 수량을 구매자가 많이 사야 되는 구조이기 때문에 대부분의 공급사가 도매매보다 도매꾹 상품을 저렴하게 등록하고 있다.

그렇다면 우리가 활용할 '도매꾹'을 좀 더 알고 가자. 도매꾹을 이용하는 사람은 누구일까?
최소구매수량이 있다는 공통된 조건을 바탕으로, 크게는 직접 사용을 목적으로 하거나 판매를
목적으로 하는 두 부류일 것이다. 도매꾹은 사업자등록을 하지 않더라도 일반회원으로서 도매
꾹 상품의 가격을 볼 수 있고 구매를 할 수 있다. 사업자회원이라면 일반회원이 사용할 수 있
는 서비스는 당연하고, 추가적으로 사업자 회원만 가격을 확인할 수 있는 도매꾹의 '사업자전
용'을 이용할 수 있다. 이뿐만 아니라 도매꾹 가격조사를 통해 선정한 최저가 상품인 '최저가
확인', 도매꾹에서 인기 있는 상품을 모아둔 '인기100', 공급사들이 재고를 빨리 정리하여 팔
기 위해 올려둔 '땡처리'도 활용하면 좋다. 이렇게 정돈되어있는 도매꾹의 통계를 활용하여 환
경을 파악하고, 나에게서 나온 데이터를 비교하여 교집합을 찾는다면 나의 첫 사입 상품을 찾
기 편할 것이다.

이렇게 도매꾹을 통해 나의 상품이 생겼다면 더 시도해보고 싶은 것도 많을 것이다. 도매꾹 또는 도매매에 있는 해당 상품의 기존 이미지와 상세페이지도 물론 있지만, 이미지나 설명을 수정해서 나의 쇼핑몰에 올린다면 새로운 나만의 상품으로서 재탄생할 것이다. 소비자를 구매를 이끌 수 있는 나만의 특별한 상세페이지까지 있다면 금상첨화이다. 그렇다면 상세페이지는 어떻게 만들면 좋을까?

내가 만약 포토샵을 능숙하게 할 줄 알고 디자인에 대한 감각이 뛰어나다면 직접 만들어도 좋겠다. 그러나 우리에게 그러한 스킬이 없다면 그 분야의 전문가에게 맡기고 우리는 우리의 해야 할 일에만 집중하면 된다. 네이버 검색창에 '상세페이지'라는 단어만 검색해도 무수히 많은 업체들이 있어 여러 선택지가 있다.

특히 추천하는 방법은 도매매 '상세페이지 제작' 서비스를 이용하는 것이다. 도매매 사이트 메인 페이지에서 상세페이지제작에 대한 서비스를 확인할 수 있다. 나의 목적에 맞게 의뢰해서 진행을 한다면 효율적으로 결과물을 얻을 수 있을 것이다. 이렇게 직접 내 상품을 가지고 가며, 나머지는 무재고 상품으로 판매를 함께 한다면 쇼핑몰의 구색을 갖추며 운영할 수 있다. 꼭 하나만 하라는 법은 없기 때문이다.

3 _ B2C와 B2B 모두 잡았다

상품을 직접 사용하는 최종 소비자에게 판매를 하는 방법(B2C)도 있지만, 물건을 판매하고 있는 셀러에게 판매를 하는 방법도 있다. 그게 바로 기업 간 거래인 B2B 거래이다. 현재 무재고 셀러로 시작하여 공급사로서 사업을 확장시킨 셀러들도 있다. 무재고를 통해 상품 소싱을 연습하고 판매에 대한 경험을 쌓아 도매매 공급사의 역할도 시작한 것이다. 무재고 셀러에서 공급사가 되어 아예 전향하거나 병행을 할 수도 있다. 직접 경험해보고 내가 더 잘할 수 있는 것을 선택하면 된다. 역할을 다양하게 한다면 좋은 것은 매출의 비중이 나눠지게 되고 한쪽이 부족해진다면 다른 한쪽으로 보안하면 되기 때문에 매출 분배를 통해 사업을 보다 안정하게 운영할 수 있다.

이제 공급사의 길을 걷기로 다짐했다면 많은 부분에 대해 고민이 될 것이다. 어떻게 셀러들에게 팔 수 있을까. 그 동안 사용했던 도매매 아이디를 통해 도매꾹(도매매)의 공급사로서 판매를 할 수 있다. 도매꾹 〉 판매관리 〉 상품등록하기를 통해 상품등록이 가능하며, 사업자 회원일 경우 판매 수수료는 3~6.3%, 개인 회원일 경우 5.7~9% 이다. 도매꾹, 도매매 둘 다 동시에 상품을 등록하고, 사이트 자체의 광고나 기획전에 적극적으로 참여한다면 빠르게 성장할 수 있을 것이다.

위처럼 도매꾹, 도매매 사이트에서 직접 하나씩 상품등록도 가능하지만 더 효율적으로 진행할 수 있는 방법이 있다. 뒤에 다루게 될 '샵플링' 솔루션을 통해 상품의 이미지, 상세설명 등을 잘 저장해놓고 상품 DB를 만들어 관리할 수 있다. 상품 DB로 한번 만들어두면 상품을 B2B 판매 사이트에 편리하게 등록 할 수 있다. B2B와 B2C 사이트를 동시에 등록도 가능해진다. 또한 재고 관리도 가능하기 때문에 재고현황이나 판매에 대한 추이도 편하게 확인할 수 있다.

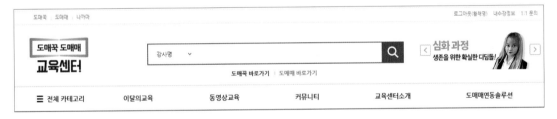

쇼핑몰 통합관리 솔루션 Shopling	[A]상품		[B]주문		[C]정산		[D]통계	[E]재고	[F]기초관리	[G]고객사관리	[H]전문셀러전용
42	도매꾹	SMALL_00069	ID 입력	기타몰	0	지원	지원	지원	지원	지원	지원	지원
43	오너클랜	SMALL_00107	ID 입력	오픈마켓	0	지원	지원	지원	지원	지원	지원	개발중
44	도매창고	SMALL_00071	ID 입력	기타몰	0	지원	지원	지원	지원	지원	지원	지원
45	수협쇼핑	SMALL_00042	ID 입력	종합몰	0	지원	지원	지원	지원	지원	지원	지원
46	홈플러스	SMALL_00026	ID 입력	전문몰	0	중지	중지	중지	중지	중지	중지	중지
47	인터파크비즈마켓	SMALL_00038	ID 입력	복지몰	0	지원	지원	지원	지원	지원	지원	없음

더불어 '도매꾹도매매교육센터'의 오프라인 강의를 듣는다면 커뮤니티를 통해 상품을 홍보하기 가 쉬울 것이다. 지금까지 오프라인 강의를 들었던 셀러들이 모여 있는 커뮤니티에 초대받을 수 있고 공급사로서 홍보할 수 있다. 함께 판매에 대한 고민을 나누며 궁금한 부분에 대해 도움도 받을 수 있어 추천한다.

이제 주문이 들어왔다면 상품을 보내야 할 것이다. 상품 포장은 생각보다 시간이 많이 걸린다. 요령이 없으면 포장이 잘못되어 상품이 망가질 수도 있다. 상품에 맞는 각각의 택배상자나 택배 봉투가 필요하며 테이프, 가위, 완충재 등 일단 갖춰야 시작할 수 있는 것들이 있다. 상품을 놓 을 공간과 포장을 할 작업대가 있어야 한다. 운송장을 만들어야 되고 손으로 다 적을 수 없으니 운송장 출력 프린터도 필요할 것이다. 상품수가 적다면 나의 집이나 사무실에서 출고를 해도 되 겠지만, 상품수가 많고 다양하다면 '물류대행'을 이용하는 것이 좋다. 네이버에서 '물류대행'을 검색하면 다양한 업체들을 찾을 수 있고 서비스 이용 가격과 프로세스를 확인해서 가장 적합 곳 을 선택하면 된다.

지금까지 최종 소비자와 거래를 했지만, 공급사가 되고 나면 고객관리의 형태가 바뀌게 된다. 셀러와의 거래라는 것을 유념하자. 그동안 무재고 셀러로서의 경험을 바탕으로, 그들이 무엇을 원하는 지 누구보다 더 잘 알 것이라고 생각한다.

4 _ 해외상품을 국내로, 국내상품을 해외로

해외구매대행

해외직구가 유행이라는 것은 누구나 알고 있을 것이다. 해외직구는 알다시피 국내 배송만큼 빠르지 않다. 그럼에도 불구하고 소비자가 구매를 하는 이유는 국내에 없는 상품들이 많기 때문이다. 국내 없는 상품이며 필요성이 높아 사는 상품이 많기 때문에 배송기간이 길더라도 기다린다. 그렇다면 우리도 이러한 해외 상품을 판매할 수 있을까?

우리도 국내 상품만이 아닌 해외 상품도 무재고로 판매가 가능하다. '해외구매대행'이라는 서비스업을 진행하면 된다. 해외 사이트에서 우리가 구매를 대행해주고, 배송대행지로 상품을 보낸 후, 배송대행지에서 국내로 발송 해준다. 그래서 도매매처럼 물건을 가지고 있지 않더라도 해외 사이트의 이미지를 활용하여 상품등록을 한 뒤, 주문이 들어왔을 때 앞선 과정을 거치면 된다. 그 대신 세금 신고의 방법이 일반 도소매업과 다르다. 그렇기 때문에 기존 사업자로 진행한다면 업태(서비스업)와 업종(해외구매대행)을 추가하고 진행을 해야한다. 다시금 느끼지만 유통은 참 다양하다.

도매매 해외직배송상품관

그러면 해외 사이트에서 주문을 넣어야 된다는 것인데 걱정이 이만저만이 아닐 것이다. 해외사이트에 접속해서 해당되는 상품을 정확히 찾아서 결제를 해야 될 텐데, 해외 공급사들과 대화를 나누고 처리해야 될 일들이 있을 텐데. 그러나 크게 걱정할 필요는 없다. 구글 번역기나 네이버 파파고 번역기를 이용하면 충분히 해결되기 때문이다.

그래도 해외 사이트에서 구매가 익숙하지 않고 자신이 없다면 해외구매대행에 대해 안전하게 진행을 할 수 있는 방법이 있다. 바로 도매매 '해외직배송상품관'을 이용하면 된다. 배송 대행지를 별도로 알아보지 않아도 되고, 도매매 국내 상품을 발주하는 것과 동일하게 이용하면 된다.

차이점이 있다면 10~14일 정도(해외사이트에서 직접 구매해서 처리하는 기간과 유사)의 배송 기간과 수령인의 개인통관고유번호를 기입해야 된다는 것이다. 도매매에 해외상품을 올린 공급 사들과 한국어로 C/S처리도 가능하다. 상세페이지도 이미 한국어로 번역되어있는 상품들이 대부분이다. 그래서 상품에 대한 설명을 한국 소비자가 확인하기 용이하여 고객 문의도 보다 적을 것이다.

우리가 앞으로 사용할 샵플링은 도매매 해외직배송 상품도 편하게 다룰 수 있다. 국내 상품과 동일하게 샵플링으로 상품을 가져와서, 입점해 있는 쇼핑몰들에 등록을 전송할 수 있다. 또한 자동 발주도 가능해서 기존 도매매와 샵플링을 쓰고 있던 셀러라면 하루만에라도 방법을 익힐 수 있을 것이다. 이렇게 도매매 해외직배송 상품으로 해외구매대행의 비즈니스 구조를 연습했 다면 이제 실전으로 가보자.

샵플링 해외 스크래핑

샵플링에서는 해외 사이트의 상품을 가지고 올 수 있는 기능이 있다. 현재 서비스하고 있는 해외 사이트는 타오바오, 티몰, 라쿠텐(재팬), 알리익스프레스, 알리바바1688, 아마존(재팬), 야후(재팬)이다. 판매하고 싶은 상품을 해외사이트에서 찾은 뒤, 해당되는 상품의 사이트 URL을 넣어주면 상품명, 옵션은 자동 번역이 되고, 썸네일 이미지와 상세설명 이미지를 가지고 올 수 있다. 또한 상품을 가지고 올 때 원가에 대한 마진, 수수료 등을 함께 넣어주면 자동으로 계산해서 판매가를 책정할 수 있다.

해외 역직구

앞선 내용은 해외 상품을 한국 소비자에게 판매를 할 수 있는 방법이었다. 그렇다면 반대로 한국에서 해외 소비자에게 판매를 할 수 있는 방법도 있을까?

지금까지 우리가 판매하던 공간은 국내 쇼핑몰이었지만, 반대로 해외소비자를 만날 수 있는 해외 쇼핑몰에 입점해서 판매를 시작하면 된다. 이와 같은 거래를 '해외역직구'라고 하며, 수출에 해당되기 때문에 해당되는 정부지원사업도 다양하게 있다. 그래서 초반에 구축하는 부분이 힘들지라도 추후에 정부의 도움도 많이 받을 수 있을 것이다. 중요한 것은 이제는 국내 소비자가 우리의 타겟이 아니기 때문에, 해당하는 국가의 해외 소비자의 관심사와 트렌드를 읽어야 한다.

그들이 좋아하는 상품인 동시에, 우리가 공급할 수 있는 상품이어야 한다. 그래서 상품 소싱부터 만만치 않을 것이다. 그래서 해외구매대행보다 해외역직구가 훨씬 어렵다. 그래도 한번 제대로 판매가 형성이 된다면 효자 상품을 만들 수 있을 것이라고 생각을 한다. 우리의 고객을 대한민국 사람으로만 국한시킬 것이 아니라 전 세계 누구든 고객이 될 수 있게 만드는 것이다. 이제 내수시장뿐 만이 아닌 더 넓은 세상으로 뻗어 나가는 것이다.

도매꾹 전세계배송

어렵다고 하는 이 역직구도 도매꾹의 '전세계배송' 서비스를 통해 도움을 받을 수 있다. 도매꾹, 도매매에 있는 상품들을 해외에 있는 소비자에게 보낼 수 있다. 상품들을 묶음포장 할 수도 있으며, 직접 움직이지 않아도 되는 장점이 있다. 도매꾹, 도매매는 알면 알수록 다양한 서비스를 하고 있다는 것을 알 수 있다. 해외 역직구와 해외구매대행 모두, 국내와 해외를 서로 이동하는 것이다 보니 상품의 부피와 무게를 고민해야 된다. 이 점을 상품소싱 때부터 고민하여 해외배송비를 미리 잘 따져서 판매가를 책정해야 할 것이다.

도매매, 도매꾹 공급사는 상품등록 시점부터 정해서 전세계배송이 가능한지 불가능한지 결정해서 등록되게끔 되어있다. 전세계배송이 가능한 상품이라면 장바구니에 넣어서 [주문하기] 버튼 바로 위에 있는 [전세계배송으로 주문하기]를 체크해주고 주문을 시작해주면 된다.

샤플링 해외 역직구 채널

샤플링에서도 해외 역직구 채널을 연동시켜서 해외 소비자가 구매 할 수 있게끔 할 수 있다. 입점한 해외 쇼핑몰들을 연동하여 상품등록을 하고 주문도 수집가능하다. 샤플링에서 현재 역직구 채널로는 동남아 오픈마켓인 '쇼피'가 있다. 역직구가 처음이라면 '쇼피'를 추천한다. 국내에 자체 물류창고가 있어서 국내에서 이동하는 것만 신경 쓰면 되고, 해외로 발송하는 것은 쇼피가 물류 서비스를 지원해주고 있다. 또한 다양한 자체 교육프로그램도 진행하며 셀러 양성에 대한 컨설팅도 하고 있어 많은 도움을 받을 수 있을 것이다.

Shopling 쇼핑몰 통합관리 솔루션		[A]상품	[B]주문	[C]청산	[D]통계	[E]재고			[F]기초관리	[G]고객사관리		[H]전문셀러전용
72	돌핀스	SMALL_00109	ID 입력	종합몰	0	지원	지원	지원	지원	지원	지원	지원
73	쇼피(싱가포르)	SMALL_00110	ID 입력	오픈마켓	1	지원	지원	지원	지원	지원	지원	없음
74	쇼피(필리핀)	SMALL_00117	ID 입력	오픈마켓	0	지원	지원	지원	지원	지원	지원	없음
75	쇼피(말레이시아)	SMALL_00118	ID 입력	오픈마켓	0	지원	지원	지원	지원	지원	지원	없음
76	쇼피(인도네시아)	SMALL_00119	ID 입력	오픈마켓	0	지원	지원	지원	지원	지원	지원	없음
77	쇼피(대만)	SMALL_00123	ID 입력	오픈마켓	0	지원	지원	지원	지원	지원	지원	없음
78	W Concept	SMALL_00111	ID 입력	전문몰	0	지원	지원	지원	지원	지원	지원	지원

해외 사이트에서 쇼핑을 접해봤다면 우리나라와 상품등록의 방식이 조금 다르다는 걸 느꼈을 것이다. 메인이미지만 이미지의 형태이고, 나머지는 텍스트만 있는 사이트들이 많다. 그렇기 때문에 이미지 작업에 투자를 적게 해도 되고 텍스트로써 번역기를 통해 처리하면 되게 때문에 상품등록은 오히려 더 쉬울 수도 있겠다.

그동안 무재고 셀러를 통해서 상품 판매의 경험을 충분히 쌓았다면 이제 시장의 파이를 넓히자. 상품 소싱에 공을 들이고 타겟을 분명히 하면 승산이 있을 것이다. 계속 새로운 시장으로 도약하는 일만 남았다.

셀러가 되기 위한 첫걸음

우리가 온라인에서 상품을 판매하기 위해서는 제일 처음 해야 할일은 사업자등록을 하는 것이다. 사업자등록과 쇼핑몰 입점 방법에 대해 알아보며, 앞으로 셀러로서 업무의 습관을 만들기 위해 도움이 될 다양한 도구들이 있다. 어떠한 일에 대해 판단하기 위해서는 최소 3개월의 기간이 필요하다고 생각한다. 이 책을 보며 3개월 동안 어떠한 순서로 진행하면 좋을 지 창업스케줄러를 소개한다.

1 _ 사업자 등록과 쇼핑몰 입점

쇼핑몰을 시작하려면 제일 처음 해야 되는 일은 무엇일까? 어떤 상품을 팔까에 대한 고민도 해야겠지만 중요한 건 '사업자등록'이다. 사업자등록을 해야 상품을 판매할 쇼핑몰에 입점할 수 있고, 상품 판매를 통해 수익을 내며 경제활동을 할 수 있는 자격이 된다.

사업자등록하기

사업자등록 신청을 위해서는 세무서를 직접 방문하거나, 인터넷으로 홈택스 사이트에서 신청가능하다. 사업자등록은 2가지의 방법이 있고, 방법과 무관하게 사업자등록을 위해 미리 준비를 해야 할 공통 사항 4가지가 있다.

사업자등록 준비사항

❶ 상호명

국어사전에 따르면, 상인이 영업상 자기를 표시하기 위하여 사용하는 명칭을 말한다. 쉽게 말하면 회사의 이름을 뜻한다. 상호명은 원하는 문자로 자유롭게 정할 수 있지만 동종지역에서는 동일한 상호를 사용할 수 없다. 사업자등록 후에 상호명 변경도 가능하니 참고하면 되겠다. 사업자등록 신청 전에, 내가 이 사업을 통해 목표로 하는 의미를 담은 멋진 이름을 만들어서 신청하길 추천한다.

❷ 사업장 주소

사업을 어디서 진행을 하는지 사업자 등록 시 주소를 기재하게 되어있다. 인터넷으로 판매를 하는 것이기 때문에 현재 주거하고 있는 집을 사업장 주소로 사용 가능하다. 만약 이미 집 주소를 사업장 주소로 사용하고 있다면, 비상주 사무실을 임대하여 사업장 주소지로 이용할 수 있다. 비상주 사무실은 포털사이트에서 쉽게 검색해서 찾을 수 있고 평균 월 3~7만원의 비용인 경우가 많다.

❸ 일반과세자와 간이과세자

상품을 판매하는 사업(개인사업자의 경우)은 과세에 대해 크게 일반과세자와 간이과세자 2가지 중에 선택해야 된다. 필자도 그랬지만 이에 대해 전혀 감이 안 잡힐 수 있다. 모르겠다면 일단 '간이과세'를 선택하길 추천한다. 사업자가 내는 세금 중 부가가치세에서 각 과세 종류에 따라 세금에 대한 계산이 달라지는데, 간이과세자는 일반과세자보다 부담이 적다. 그렇지만 간이과세는 세금계산서(사업자가 물품 등을 판매할 시 부가가치세를 포함하여 거래를 했다는 확인 문서)를 발급할 수는 없다. 세금계산서가 필요한 거래가 빈번할 것 같다면 일반과세자로 신청하면 된다. 처음에 간이과세자로 신청했다가 1년간 매출액이 4,800만원 이상이 되면 일반과세가 되며, 과세 전환 신청을 해서 강제로 바꿀 수도 있다.

❹ 업종코드

사업자등록에서는 어떠한 사업을 할 것인지 종류를 정하는 업종 선택을 해야 한다. 무재고 쇼핑몰을 만들려 하거나 소비자에게 소매로 인터넷 판매를 한다면 다음과 같이 동일하게 선택하면 된다. 업종코드는 '525101'이며, 업태명은 '소매업', 업종명은 '전자상거래업'을 선택하면 된다. 업종은 주업종과 부업종이 있고, 1개만 할 수 있는 건 아니며 목적에 맞게 추가, 정정, 삭제가 가능하다.

선택	업종구분	업종코드	업태명	업종명	산업분류코드
☐	주	525101	소매업	전자상거래업	(47912) 전자상거래 소매업

⦿ 업종 선택   ☞ 전체업종 내려받기   업종 입력/수정   선택

위의 사업자등록을 위한 4가지를 모두 준비했다면 이제 사업자등록을 신청해보자.

사업자등록 신청

사업자등록은 세무서를 직접 방문하거나 국세청 홈택스를 통해서 신청할 수 있다.

❶ 세무서 방문

공식적인 사업자등록의 준비물은 '신분증과 사업장임대차 계약서'이다. 집 주소로 사업자등록을 하기로 결정했다면, 집 임대차계약서 가져가거나 주민등록상 주소와 동일하다면 신청가능하다. 첫

사업자등록이라면 직접 세무서를 방문하는 것을 추천한다. 사업자등록증을 바로 받을 수 있어서 좋고, 세무서 담당 직원에게 사업자등록에 모르는 부분을 물어보면서 정보를 얻을 수 있다.

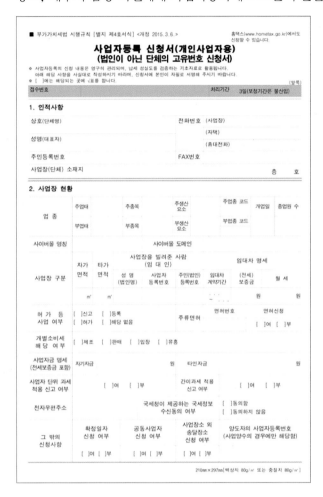

❷ 국세청 홈택스 (www.hometax.go.kr)

연말정산, 13월의 월급 등 어쩌면 많이 들어봤을 단어들과 관련 깊은 '국세청 홈택스'이다. 이곳에서는 사업자를 위한 서비스도 동시에 제공하고 있다. 신청/제출 〉 사업자등록신청/정정 등 〉사업자등록신청(개인)에서 가능하다.

사업자 등록에 필요한 상호명, 사업장 주소 등의 정보를 입력한다. 사업자 등록에 필요한 서류들은 파일을 함께 업로드하여 첨부할 수 있다.

통신판매업 신고하기

사업자등록은 사업을 진행하기 위함이었다면, 통신판매업 신고는 온라인 판매를 위해 필요하다.

통신판매업 신고 준비서류

개인사업자라면 통신판매업을 신고하기 위해서는 '신분증, 사업자등록증 사본, 구매안전서비스이용확인증 서류'가 필요하다. 여기서 구매안전서비스이용확인증은 오픈마켓 입점을 우선적으로 진행을 해주거나 은행 또는 PG사를 통해 발급받을 수 있다.

❶ 구매안전서비스이용확인증 (스마트스토어 입점)

스마트스토어가 아니더라도, 오픈마켓 사이트를 통해서도 발급가능하다. 그래도 스마트스토어가 접근하기 편하게 되어 있어서 이곳에서 발급받는 걸 추천한다. 스마트스토어센터 〉 판매자정보 메뉴로 들어가서 [구매안전서비스 이용확인증] 버튼을 클릭하여 서류를 다운로드 받을 수 있다.

판매자 정보		
판매자 정보	탈퇴 신청	
판매자 정보		실시간 알림 설정 🖶 구매안전서비스 이용확인증 ❷
판매자 유형	국내 사업자	

통신판매업 신청

❶ 구청 방문

'신분증, 사업자등록증 사본, 구매안전서비스이용확인증'을 준비하여 직접 관활 구청을 방문해서 신청 할 수 있다. 방문 신청을 하더라도 바로 수령을 할 수는 없고 1~3일 정도 기다려야 한다.

❷ 정부24 (www.gov.kr)

정부24 사이트를 이용하여 인터넷 신청이 가능하다. 사업자등록과 달리 통신판매업 신고 때는 방문 신청보다 정부24를 통해 인터넷으로 신청하는 것을 추천한다. 통신판매업 신청 후 당일에 수령 할 수 없기 때문에 서류를 받으러 갈 때 직접 방문하는 것을 추천한다.

쇼핑몰 입점하기

이제 어떤 쇼핑몰에 입점을 해야 될지 고민될 것이다. 결정이 어렵다면 다음 쇼핑몰들의 입점을 추천한다.

- 입점 추천 쇼핑몰 : 스마트스토어, G마켓, 옥션, 11번가, 인터파크, 티몬, 위메프, 쿠팡

입점에 비용이 발생하지 않는 쇼핑몰이라면, 입점할 수 있는 쇼핑몰은 최대한 입점을 미리 해두면 편하고 좋다. 판매 채널이 많으면 많을수록, 상품이 많으면 많을수록 매출이 높아지는 것은 누구나 알 수 있는 공식이기 때문이다.

입점 추천 쇼핑몰

각 쇼핑몰의 회원가입을 통해 판매자로서 입점신청을 할 수 있다. 신규 사업자라면 마켓별로 입점할 때 사업자등록번호를 입력해도 확인이 되지 않는 경우가 있다. 사업자등록을 한지 얼마 안됐기 때문에 내 사업자에 대한 정보가 인증기관에 전달되지 않은 것이다. 이럴 때는 NICE평가정보 고객센터(1600-1522)로 전화하면 처리 가능하다.

필요서류들을 정확하게 제출했다면 일반적으로 1~3일이면 입점을 완료할 수 있다. 입점에 대해 어렵거나 진행이 지연되는 것 같다면 기다리기보단 각 쇼핑몰의 판매자 고객센터를 통해 확실히 확인하는 게 좋다.

❶ 스마트스토어(사업자 판매자)

❷ G마켓(사업자 판매회원)

❸ 옥션(사업자 판매회원)

❹ 11번가(사업자 판매회원)

❺ 인터파크(판매자 회원/OM)

❻ 티몬(판매자 회원)

❼ 위메프(사업자/파트너 2.0)

❽ 쿠팡(판매자)

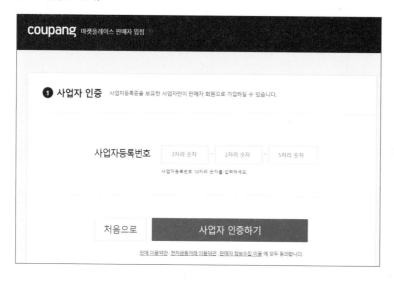

필요서류

쇼핑몰의 판매자로 입점을 위해서는 필요한 서류들이 있다. 공통된 필요서류는 '사업자등록증 사본, 통신판매업 신고증 사본, 통장 사본, 본인서명사실확인서(인감증명서)'가 필요하다. 각 서류들을 사진 찍거나 스캔하여 쇼핑몰 입점 시 사이트에 바로 파일로 업로드하거나, 메일 또는 팩스로 보내서 제출한다. 사업자등록증과 통신판매업 신고증은 이전 설명을 통해 준비 가능하다.

❶ 통장

쇼핑몰에서 판매를 한 뒤 판매수수료를 제외한 정산금액을 입금 받기 위한 통장이 필요하다. 예금주는 본인이어야 되며 기업명이 들어간 사업자통장이 아니어도 된다. 앞으로 사업에 사용할 통장과 카드는 따로 분리하여 사용하는 것을 추천한다. 세금 신고나 회계 관리 시 훨씬 수월해진다.

❷ 본인서명사실확인서

원래 인감증명서라고 표기 되어있는 경우가 많으나, 인감증명서와 동일한 효력을 지닌 본인서명사실확인서를 통해서도 입점이 가능하다. 구청 또는 본인의 주소지 관할 주민센터에 방문하면 즉시 발급이 가능하며, 신분증과 600원만 있으면 된다.

2 _ 습관을 만드는 업무 도구 추천

누구나 짧은 시간 일하고 많은 수익을 내는 것은 꿈꾼다. 쇼핑몰 운영을 처음 시작하고 사업 초반이라면 익숙하지 않은 일들이기 때문에 많은 시간이 투자되는 것은 자연스러운 일이다. 그러나 사업을 진행하면서 점점 불필요한 일을 줄이고 효율적으로 습관을 만들어가려고 노력해야 꿈꾸는 바를 이룰 수 있다. 그렇기 위해서 추천하는 무료 도구들이 있다.

구글 크롬(chrome)

아마 컴퓨터를 켜서 인터넷에 접속할 때, 당연하게 인터넷 익스플로러(Internet explorer) 아이콘을 누를 것이다. 인터넷 = 익스플로러 라고 생각하는 분들이 의외로 많다. 익스플로러는 인터넷을 이용할 수 있는 브라우저의 하나의 종류이다. 익스플로러도 좋지만 구글 크롬(chrome) 브라우저를 추천한다. 구글이 서비스하고 있는 여러 기능들을 연결하여 사용하기 편리하기 때문이다. 또한 구글 웹 스토어를 통해 다양한 기능의 확장프로그램들을 사용할 수 있다.

여러 쇼핑몰을 입점하게 되면 사용하는 계정이 많아지게 된다. 그래서 아이디와 비밀번호 관리가 필연적이다. 크롬에 아이디와 비밀번호를 저장해두면, 쇼핑몰 판매자센터를 매번 아이디와 비밀번호를 치지 않고 접속 할 수 있다. 그래서 계정 정보를 관리하기 굉장히 편하다.

크롬을 접속할 때 여러 개의 구글 아이디를 사용할 수 있다. 또한 동시에 구글 브라우저를 여러 개 켜놓을 수도 있다. 그래서 쇼핑몰 사업에 필요한 구글 아이디를 용도별로 만들면 좋다. 구글 크롬에 접속하여 로그인을 하는 페이지에서 [계정 만들기] 버튼을 통해 개수 제한 없이 아이디를 만들 수 있다.

구글 아이디를 용도별로 만들고, 이처럼 북마크바에 자주 가는 페이지를 설정해주면 좋다. 상품 등록을 하거나 주문처리를 할 때 신속히 처리하기 위해서는 이렇게 잘 보이는 곳이 지정해주는 게 좋다. 아이디 별로 북마크를 다르게 만들어 나의 업무 효율을 높이자.

구글 캘린더와 Tasks

일상생활의 일정은 물론이고 사업상 일정을 체크하기 위한 용도로 사용하면 좋다. 또한 추천하는 건 내가 얼마만큼의 노력을 했는지에 대한 기록을 남기는 용도로써 활용하는 것이다. 내가 하루를 열심히 노력하고 목표를 향해 스스로 점검하는 것이다. 추후에 우리가 열심히 해야 할 상품등록에 대해 매일 기록하면서 성취감을 스스로 만들면 좋다.

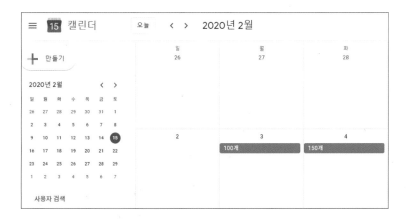

캘린더와 함께 부가기능으로 Tasks를 사용할 수 있다. Tasks는 매일 반복되는 할 일보다는 빠르게 처리해야 되고, 꼭 기억해야할 일들을 메모해두면 좋다. 완료했다면 체크해서 목록에서 없앨 수 있다. '구글 캘린더'와 'Tasks'은 컴퓨터 웹에서와 폰을 통해 앱을 다운로드 받아서도 사용 가능하다.

다이널리스트(Dynalist)

다이널리스트는 마인드맵을 텍스트 목록으로 만들어 메모를 정리하는 도구라고 생각하면 이해가 쉽다. 다이널리스트는 그러한 목록을 무제한으로 만들 수 있다. 특히 좋은 점은 쇼핑몰 운영을 하며 매일 해야 하는 일들이 있다. 예를 들어 도매매 상품이 품절이 되면 나의 쇼핑몰도 품절을 시켜줘야 되기 때문에 동기화라는 작업을 한다. 이처럼 매일 해줘야하는 작업들은 체크리스트를 만들어서 하나씩 줄을 그어가면서 체크하면 좋다.

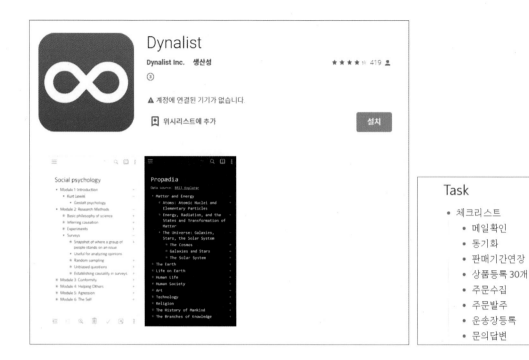

어트레커(ATracker)와 타임잇(Time It)

일의 효율을 높이는 좋은 습관을 만들기 위해서는 내가 어떻게 시간을 쓰고 있는지 확인을 하는 것이다. 내가 얼마만큼의 시간을 투자를 했으며 낭비되는 시간은 있었는지 사실을 직시하는 것이다. 오늘 몇 시간을 일 했는지도 중요하지만 그러한 일을 얼마만큼 짧은 시간 내에 집중을 해서 끝냈는지도 중요하다. 이를 위해 딱 알맞은 '어트레커(ATracker)'와 '타임잇(Time It)' 서비스를 소개한다. 둘 다 구글 플레이 스토어에서 다운로드 받을 수 있다.

어트레커

어트레커(ATracker)를 통해 내가 수행할 과제들을 생성 할 수 있다. 그 과제들을 시작할 때 클릭하고 끝났다면 진행 중이던걸 다시 클릭해서 끈다. 이렇게 과제별로 시간을 얼마큼 썼는지 스스로 기록하는 것이다. 시간이 지난 후에도 과제에 대한 지난 시간 기록을 할 수 있다. 어트레커는 유료 업그레이드를 하면 PC에서 사용 가능하기 때문에 폰을 보지 않고도 사용할 수 있어 좋다.

타임잇

타임잇도 내가 원하는 카테고리들을 생성 할 수 있다. 어트레커보다 직관적이고 심플하게 사용할 수 있다. PC 웹 버전은 없어 폰에서만 사용 가능하며, 지난 시간에 대해 기록은 되지 않는다.

위 도구들을 집중을 위한 장치로서 활용하면 좋다. 과제를 생성해서 시작을 누르는 순간부터 다른 것은 하지 않고 무조건 그 일만 수행하는 것이다. 필자는 집중력이 정말 부족한 편인데 오랫동안 한 가지 일에 집중할 수 있도록 만들어 주었다. 너무나 당연한 얘기이지만 누구에게나 공평한 24시간을 어떻게 사용하는 지가 중요하지 않을까.

원노트(One Note)

내가 원하는 목표가 있다면 그 목표를 이루기 위한 방법은 무엇일까. 내가 꿈꾸는 것들을 생각 날 때 마다 잘 메모해두고 추상적인 것을 구체적으로 바꾸는 것이다. 그렇게 한다면 나와 너무 거리가 멀게 느껴졌던 것이 조금은 더 가까워진 느낌이 든다.

원노트는 자유롭게 텍스트를 적거나 이미지를 첨부할 수 있어서 정말 노트처럼 사용하면 된다. 특히 일기를 원노트로 쓰면 좋다. 필자는 성인이 되고 나서부터 조금씩 일기를 쓰기 시작 했는데 일기는 나 자신을 돌아보게 되는 도구가 되었다. 아마 무재고 쇼핑몰을 1인 기업으로 시작하는 경우가 대부분일 것이다. 1인 기업은 내가 곧 회사이기 때문에 나의 건강, 나의 마음 상태에 따라 사업이 좌지우지 될 수밖에 없다. 반복에 지치지 않으려 되새기며, 일이 나의 감정으로 인해 흔들리는 것을 방지하고 조절 하기 위해 노력해야한다. 어떤 것 때문에 내 마음이 이랬구나, 앞으로는 이렇게 해야겠다 라고 생각할 수 있는 시간을 가지면 좋다. 나의 일을 위함도 있지만 나 스스로를 위해서도 좋다.

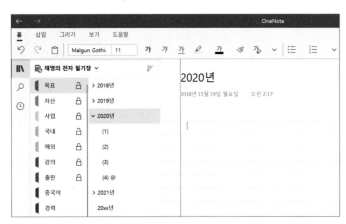

3 _ 3개월 만에 완성하는 창업 스케줄러

창업이라고 들으면 굉장히 대단하고 어렵다는 느낌적인 느낌이 든다. 평범하지 않은 무언가 특 별한 사람들만 하는 것이라는 생각이 든다. 하지만 아래 창업 스케줄러를 통해 따라온다면 누구 나 무재고 쇼핑몰 창업에 입문할 수 있다. 아래 우리가 만들 무재고 쇼핑몰을 통한 사업의 구조 를 가지고 왔다. 이제 이 구조의 한줄기씩 실행하며 앞으로 뻗어나가게 된다면, 어느샌가 쇼핑 몰 대표가 되어있는 나를 발견할 것이다.

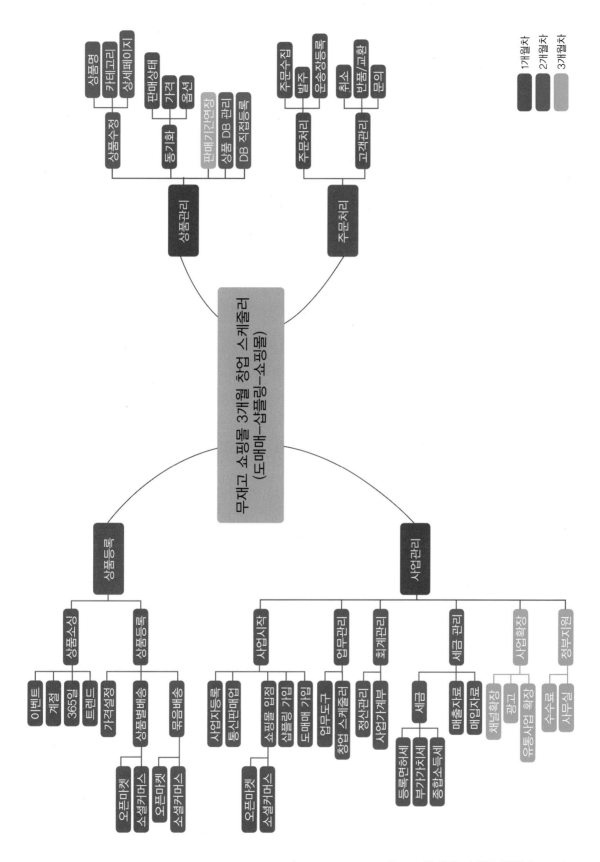

창업 1개월 차 – 사업시작, 상품소싱, 상품등록(상품별배송), 동기화, 주문처리

일단 무재고 쇼핑몰을 만들기 위해서는 '쇼핑몰, 샵플링, 도매매'이 3가지가 준비가 되어야 한다.

무재고 쇼핑몰를 만들기 위해 준비해야 될 3가지	쇼핑몰, 샵플링, 도매매

앞서 다뤘던 사업자 등록과 쇼핑몰 입점 방법을 통해 상품을 판매할 쇼핑몰을 준비할 수 있다. 그리고 뒤에 바로 나올 내용을 통해 샵플링과 도매매의 개념을 이해하고 서로 연결할 수 있다.

쇼핑몰 입점을 기다리면서는 상품 키워드를 파악하고 '상품 소싱'을 시작해보자. 소싱을 마쳤으면 본격적인 '상품 등록'에 들어간다. 샵플링을 통해 상품이 등록이 되려면 상품에 대한 정보는 물론이고, 어떠한 배송에 대한 정보(출고지, 발송마감기간 등)를 통해 올릴 것인지 여러 상품에 반복해서 적용될 공통된 값이 필요하다. 이에 대한 것을 '기본정보'라고 하는데, 기본정보 종류 중 '상품별 배송'부터 세팅하고 등록한다. 도매매 상품을 가지고 와서 샵플링에 연동된 쇼핑몰로 등록을 전송시킨다. 이 작업을 매일 해주며 샵플링을 통한 상품등록에 익숙해지게끔 한다. 사업 1개월 차에는 일단 상품의 수를 늘리는 것이 중요하다. 그래서 상품등록은 상품 DB 기준 하루에 50개 이상 하는 것을 추천한다.

도매매 상품과 내 쇼핑몰의 판매 상태를 동일하게 만들어주는 작업을 '동기화'라고 한다. 이 동기화 작업은 이제 평일에 매일 해주어야 된다. 동기화를 해줌으로써 품절로 인한 취소를 해야 되는 주문 건들이 생길 확률을 낮출 수 있다.

보통 무재고 쇼핑몰을 시작하고 상품을 등록하기 시작하면 3~4주차에 첫 주문을 받게 되는 경우를 많이 봤다. 이제 주문을 매일 수집하고 주문이 들어왔다면, 도매매에 발주를 넣고 운송장을 전송하는 '주문처리' 프로세스를 진행한다.

창업 2개월 차 – 상품등록(묶음배송), 상품DB관리, 회계관리

상품등록를 하다보면 익숙한 공급사들이 생긴다. 만약 판매 경험을 해본 공급사가 있다면 그들의 상품을 묶음 배송하는 것도 좋다. 아직 판매경험이 없고 도매매 공급사들에 대해 파악을 하

기 어렵다면 도매매에서 선정한 묶음배송관을 활용하자. 묶음배송관 상품을 보고 공급사를 선정하여 '묶음배송'에 대한 기본정보를 세팅한다. 묶음배송을 통해 상품을 등록하고, 쇼핑몰에서 상품들의 그룹을 만들어 최적화까지 진행하면 좋다.

우리가 판매할 쇼핑몰은 상품을 무제한으로 등록할 수 없는 쇼핑몰들이 있다. 다시 말해 쇼핑몰에 상품을 진열해 놓을 수 있는 수가 정해져 있기 때문에, 상품 등록을 계속 할 수는 없고 언젠가는 삭제를 해주어야 된다는 뜻이다. 그래서 1개월 차에 상품 수를 계속 올렸다면 이젠 상품 정리도 시작 해보자.

사업을 시작한지 2개월이 지났다면 여러 상품들을 등록도 해보고 판매도 해봤을 것이다. 주문처리를 하면서 자연스레 매입비용이 발생하고, 정산확정이 되면 정산금액이 내 통장으로 입금된다. 매출이 발생하면서부터는 회계관리 진행을 시작하면 된다. 이 부분에 대한 자세한 내용은 책에서 다룰 사업가계부를 만들어 나의 수입을 확인하자.

창업 3개월 차 - 판매기간 연장, 사업확장, 정부지원
동기화와 함께 평일에 매일 체크 해주어야 하는 작업인 '판매기간 연장'이 있다. G마켓과 옥션은 상품등록 후 90일 동안 판매된다. 그래서 90일이 지나면 상품이 내려가기 때문에 미리 연장처리를 해야 한다. 3개월 차가 되었다면 1개월 차에 올렸던 상품들이 판매종료를 앞두고 있을 것이다. 그러니 상품이 내려가기 전에 연장을 해야 한다.

지금까지 8개의 쇼핑몰을 통해 판매를 진행했다면, 이제 타 종합몰이나 자사 홈페이지 등 채널확장에 대한 기획을 하면 좋다. 또한 국내 상품뿐만 아니라 해외 상품까지 판매를 하는 등 다양한 사업 확장에도 관심을 가지고 미리 준비를 하자.

온라인 쇼핑이 증가하고 셀러도 증가함에 따라 각종 정부 지원 프로그램도 늘고 있다. 이러한 정보들을 찾고, 자격조건이 된다면 기회를 놓치지 말고 도전해보자. 수수료 지원, 사무실 임대 등 사업에 큰 힘이 될 기회들이 우리 주변에 많다.

Chapter **02**

내 쇼핑몰에
상품 채우기

어떤 상품을 어떻게 팔아야 할까

무재고 쇼핑몰을 만들기 위해서는 입점한 쇼핑몰, B2B 플랫폼 도매매, 솔루션 샵플링이 필요하다. 이 3가지를 어떻게 연결할 수 있는 지 알아보고, 도매매 상품을 샵플링으로 상품 데이터를 가져오는 방법에 대해 다룬다. 또한 추천하는 8개의 쇼핑몰에 각 수수료를 알고, 가격설정에 대해 이해한다. 이제 어떻게 상품 데이터를 다룰 수 있는지 알았다면 어떤 상품을 올려야 될지에 대한 과제가 남아있다. 도매매를 통해 빠르고 쉽게 상품을 소싱 할 수 있는 꿀팁에 대해 소개한다.

1 _ 샵플링과 도매매의 긴밀한 관계

샵플링이란?

쇼핑몰을 구축하는 데 있어서 초반에 많은 시간이 필요한 건 사실이다. 재고 없이 무재고로 판매를 하고 있을 지라도 하나의 채널로만 판매를 하고 있는 셀러는 많지 않을 것이다. 하나의 채널만 운영하는 것보다 여러 채널을 가지고, 여러 상품을 판매하면 그만큼 매출이 더 발생할 수 있는 확률이 높아지기 때문이다. 그러나 각 쇼핑몰 관리자 페이지를 오고 가며 관리하는 건 시간적인 제한이 생길 수 있다. 무재고 쇼핑몰은 여러 상품을 판매 할 수 있다는 장점을 가지고 있다. 하지만 운영할 때 판매하게 되는 상품 수가 많아져 모든 상품들을 하나씩 관리하기는 어렵다. 그래서 필연적으로 쇼핑몰들을 한 번에 편리하게 관리 할 수 있는 도구가 필요해진다.

'샵플링'은 내가 입점한 쇼핑몰들을 연결하여 관리를 할 수 있는 서비스이다. 위에 말한 쇼핑몰 운영에 힘든 점들을 해결해주는 도구이다. 샵플링을 통해 내가 판매하고 싶은 도매매에 있는 상품들을 편리하게 가져올 수 있다. 나의 쇼핑몰로 여러 상품을 등록하며 수정도 할 수 있다. 도매매 상품을 주문 받은 경우 자동으로 상품 발주, 쇼핑몰로 운송장 전송이 모두 가능하다.

여기서 잠깐! **샵플링 사용 방법 가이드 동영상 보기**

샵플링 공식 유튜브 채널을 통해 샵플링 사용 방법 동영상 가이드를 무료로 볼 수 있다.
책 내용과 관련 동영상을 함께 보면 샵플링 프로세스를 이해하기가 더 쉽다. 부록 "샵플링 사용 방법 가이드 동영상 보기"를 참조하거나 아래 유튜브 계정에서 직접 확인할 수 있다.

· 샵플링 공식 유튜브 계정 : https://www.youtube.com/c/샵플링

샵플링 회원가입

1 샵플링(www.shopling.co.kr)에 접속하여 상단의 [회원가입] 버튼을 누른다. 회원가입 페이지가 나타나면 내용을 확인하여 약관에 대해 동의함을 체크하고 상호/법인명, 대표자명, 사업자등록번호를 입력한 후 [다음 단계] 버튼을 누른다.

2 이전 단계에 이어서 사용자 정보를 모두 기입하여 회원가입을 마무리한다. 샵플링 초기 가입 시 15일 무료 사용이 가능하니 사용 후 서비스 버전을 다시 선택하면 된다. 샵플링의 확인을 거쳐 이후에 관리자접속을 통해 샵플링을 이용할 수 있는 페이지로 이동가능하다.

도매매와 샵플링

도매매 회원가입

샵플링 회원가입을 완료했다면 이번에는 도매매에도 회원가입을 한다.

1 도매매(www.domemedb.domeggook.com)에 접속하여 상단메뉴 중 [회원가입]을 누른다. 도매꾹에서 회원가입을 해도 무관하다. 정보를 모두 입력하고 [동의하고 회원가입]을 누른다.

2 이제 일반회원으로 가입이 완료된 것이다. 단, 정회원이 되고 사업자인증까지 받아야 사업자 회원으로 가입을 할 수 있다. 화면이 바뀌고 정회원이 되기 위해 [인증받기]를 통해 본인인증을 한다.

❸ 정회원이 된 후에는 상단에 [사업자회원가입] 이라는 메뉴를 확인할 수 있다. 이동된 페이지를 통해 사업자 정보를 입력하여, 도매매 상품을 판매할 수 있는 자격이 된다.

위의 설명들과 같이 도매매와 샵플링, 이 두 가지를 활용하여 누구나 상품을 판매할 수 있다. 도매매 상품들을 샵플링으로 가지고 와서, 한번에 내 쇼핑몰들에 전송을 할 수 있다. 내 쇼핑몰에 주문이 들어올 경우 샵플링으로 가져와서, 해당되는 상품을 자동으로 발주를 하는 주문처리를 할 수 있다. 이렇게 도매매를 통해서 무재고로 상품을 팔 수 있으며, 샵플링을 통해 쇼핑몰 채널 관리를 하며 운영할 수가 있다.

샵플링 프로세스

도매매와 샵플링과 쇼핑몰

위의 프로세스처럼 되기 위해서는 도매매 ↔ 샵플링 ↔ 쇼핑몰을 연결하는 작업이 선행되어야 한다. 연결하는 작업 전에 도매매, 샵플링을 회원가입하고, 상품을 판매할 쇼핑몰을 입점하는 건 필수이다.

도매매와 샵플링을 연결하는 방법

1 샵플링 홈페이지(http://www.shopling.co.kr) 상단에서 [관리자접속]을 클릭하고 아이디와 비밀번호를 입력하여 관리자 페이지에 들어와 '[G][1]고객사정보'를 클릭한다.

2 나온 페이지에서 하단의 '제휴정보 〉 제휴업체'에 도매매 회원정보를 입력하면 된다.

제휴업체선택을 '도매매'로 설정하고, 로그인 ID와 로그인 PW는 도매매에 회원가입한 아이디와 비밀번호를 입력한다. 여기서 API KEY 칸도 채워야 연결이 되는데, 이 부분은 제휴정보 옆 [도매매 APIKEY 확인]을 통해 API KEY를 발급받아서 입력해주면 된다.

❸ [도매매 APIKEY 확인] 버튼을 누르면 새로운 페이지창이 뜬다. 여기서 [추가발급] 버튼을 눌러 API 키를 발급받을 수 있다.

어플리케이션명은 '샵플링', 서비스 URL은 'http://a.shopling.co.kr/', 담당자 성명은 사업자 대표 성명을 입력하면 된다. 모두 입력했으면 [입력완료] 버튼을 누른다.

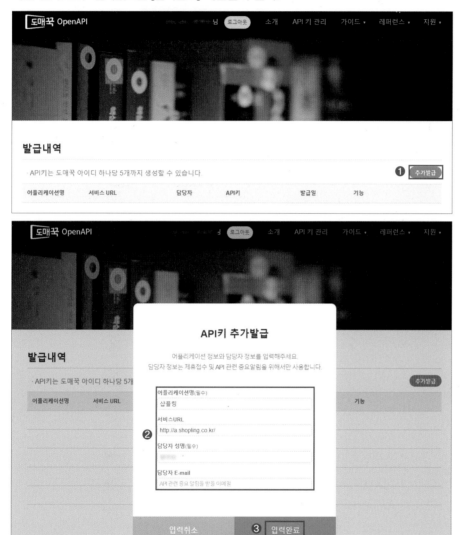

❹ 발급내역에서 API 키가 생성된 것을 확인할 수 있다. 이 API 키 전체를 복사하여 바로 이전 입력하던 샵플링 페이지로 간다.

입력했던 도매매 로그인 ID와 로그인 PW 옆에 복사한 API 키를 붙여 넣고 [인증] 버튼을 누른다. 그 후에 맨 하단의 [수정] 버튼을 눌러 최종 저장을 마친다. 현재 접속해있는 샵플링 계정을 로그아웃 후 다시 샵플링 로그인을 하면 도매매와 샵플링이 연결이된것을 확인할 수 있다.

샵플링과 쇼핑몰을 연결하는 방법

1 바로 전까지 도매매와 샵플링을 연결했다면, 이제는 샵플링과 내가 입점한 쇼핑몰을 연결해야할 타이밍이다. 'F][1]연동지원쇼핑몰계정관리'를 클릭한다.

❷ 페이지가 이동되어 입점한 쇼핑몰들의 회원정보를 입력할 수 있는 화면이 뜬다. 입점한 쇼핑몰의 각 [ID 입력] 버튼을 눌러 쇼핑몰 판매자 아이디와 비밀번호를 입력한다. 앞서 추천한 쇼핑몰들 중 위메프는 '위메 프2.0', 인터파크는 '인터파크(OM)'라는 것을 주의한다.

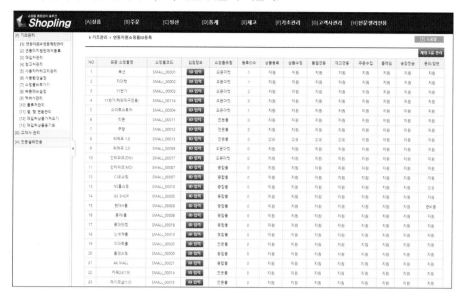

❸ 추천한 8개의 쇼핑몰의 아이디와 비밀번호를 입력하는 것은 어렵지 않을 것이다. 그런데 쇼핑몰마다 요 구하는 정보들이 조금씩 다르다. [필수] 표시가 되어있는 부분을 유의하며, 채워 넣을 칸 위에 안내사항에서 해당되는 정보를 어디서 확인할 수 있는지 설명글을 참고하면 된다. 이렇게 입점한 모든 쇼핑몰을 연결했다 면 '도매매 – 샵플링 – 쇼핑몰' 프로세스를 진행할 수 있는 구조가 완성됐다.

2 _ 도매매 상품을 샵플링으로 가져오기

샵플링을 중심으로 도매매와 내가 입점한 쇼핑몰이 서로 연결되어있는 형태라는 걸 이해했다. 그러면 이제 구체적으로 샵플링을 활용하여 도매매 상품을 가지고 와보자.

샵플링 메뉴 살펴보기

상품을 다루기 전, 우리가 사용할 샵플링에는 어떠한 메뉴들이 있는지 확인하자. 샵플링 관리자 접속을 통해 로그인하면 다음과 같은 메인 페이지가 나온다. 메인 페이지 좌측 상단 샵플링 로고 우측에는 [A]상품부터 [H]전문셀러전용까지 총 8개의 메뉴가 제공된다.

❶ [A]상품 메뉴는 상품을 조회하고, 수정과 등록을 할 수 있는 곳으로 상품을 관리하는 곳이다.

❷ [B]주문 메뉴는 연동되어 있는 쇼핑몰들의 신규주문들을 수집할 수 있고, 도매매로 발주를 하며, 운송장을 전송할 수 있는 메뉴이다.

❸ [C]정산 메뉴는 연동한 쇼핑몰에서 제공하는 정산양식을 통해 주문 건들의 정산금액을 등록할 수 있다.

❹ [D]통계 메뉴는 판매된 주문 건들에 대한 여러 분류를 통해 통계치를 확인할 수 있는 곳이다.

❺ [E]재고 메뉴는 무재고 셀러가 아닌 직접 사입해서 판매하는 셀러를 위한 재고관리 메뉴이다.

❻ [F]기초관리와 [G]고객사관리 메뉴는 쇼핑몰을 연동하거나 샵플링의 환경을 설정할 때 활용한다.

❼ [H]전문셀러전용 메뉴는 도매매 상품을 가지고 오거나 도매매 상품을 동기화 할 때 사용한다.

상품 가져오기

1 [H]전문셀러전용 〉 [1]도매매 상품가져오기 메뉴를 통해 도매매 상품을 나의 샵플링으로 가지고 올 수 있다.

❶ 일자 : 일자의 '등록일'은 도매매에 공급사가 해당 상품을 올린 상품 등록 일을 의미한다. 내가 가지고 오려는 상품의 공급사가 언제 도매매에 상품을 등록했을 지는 확인하기 어렵다. 그렇기 때문에 항상 등록일의 시작 일을 5년 이상 과거로 설정해주는 걸 추천한다. 상품 검색의 범위를 넓혀 내가 찾으려고 하는 상품을 정확하게 발견하기 위해서 이다.

❷ 도매매카테고리 : 쇼핑몰은 카테고리라는 분류를 통해 상품들을 정리해놓는다. 이와 같이 도매매 사이트에서도 상품들이 카테고리를 통해 나눠서 등록이 되어 있다. 내가 가지고 오려는 상품이 특정 카테고리라면 해당되는 카테고리를 선택해주면 된다.

❸ 선택사항

• '판매상태'를 항상 '판매중'으로 하고 [검색] 하자. 판매가 종료되어있는 품절 상품들을 가져온다면 판매는 하지 못하고 샵플링 DB의 공간만 차지한다.

• '원산지-대분류'와 '과세구분'은 거의 쓰지 않고 정확하지 않은 경우가 많아 사용하지 않는 편이 났다.

• '상품구분'의 '해외직구'는 도매매 해외직배송 상품을 가지고 오고 싶을 경우에만 사용한다.

• '판매업체등급'은 도매매가 선정하여 공급사들의 등급을 분류한 것이다. 판매업체등급을 높은 등급으로 하여 조금 더 검증된 공급사의 상품을 가지고 오는 필터로써 사용해도 좋다.

❹ 화면출력 : 값을 입력하고 [검색] 버튼을 눌러서 나오는 결과 값들이 많을 경우에는 화면출력의 숫자만큼씩 나눠서 페이지들이 늘어난다. 그래서 화면출력은 최대로 해서 검색하는 걸 추천한다. 결과 값의 앞 페이지에만 있는 상품들만 가지고 오는 실수를 할 수 있기 때문이다.

❺ 상품분류 : 기본 값으로는 '전체'로 설정되어 있다. '인터넷최저가'와 '스피드고배송'은 도매매가 선정한 상품들을 구분한 것이다. 특히 '인터넷최저가'를 통해 최저가 상품으로 가격경쟁력을 가질 수 있는 상품들을 선별하여 가지고 올 수 있다.

❻ 가격검색

- '가격검색'은 도매매의 상품가격을 통해 필터를 넣을 수 있는 곳이다. 특정 가격대의 상품을 가지고 오고 싶을 때 활용한다. 판매가 또는 공급가로 설정해서 가격을 설정하면 된다.
- '배송비'도 동일하게 도매매 상품 배송비에 대한 필터를 넣어 검색을 할 수 있는 곳이다.

❼ 노출여부

- '이미지노출여부'는 검색을 해서 나온 상품들을 상품정보 뿐만 아니라 상품이미지도 함께 볼 수 있게 한다. 상품을 가지고 올 때 항상 체크해주는 것을 추천한다. 이미지를 통해 가지고 오지 않을 상품들을 한 번 더 걸러내는 작업을 할 수 있다.
- '가져오지 않은 상품보기'는 이미 과거에 샵플링에 상품을 가지고 온 상품은 결과 값에서 제외해주는 필터이다. 물론 [상품가져오기]를 하게 되면 자동으로 검색되면서 중복으로 가져와지지 않지만, 항상 체크를 해주는 것을 추천한다.
- '준수조건 있는 상품'은 도매매 공급사가 해당 상품을 어떠한 가격대를 맞춰서 판매를 해야 된다는 준수조건이 있는 상품만 나타나게 한다.

❽ 검색항목 : 검색을 할 값이 어떤 항목에 속하는지 꼭 설정을 해주어야 검색이 된다. 검색항목의 종류는 '상품명, 도매매상품코드, 모델명, 자사상품코드, 제조사, 판매업체ID, 상품코드'가 있다. 주로 상품명, 도매매상품코드, 자사상품코드, 판매업체ID를 많이 활용하게 될 것이다. 여기서 자사상품코드는 자사(도매매)의 상품코드라는 의미로 도매매상품코드와 자사상품코드는 같은 의미이다.

2 도매매 상품코드를 통해 검색을 한다면, 다음과 같이 상품들이 리스트에 결과로써 나오게 된다. 여기서 가지고 올 상품을 선택하여 우측 [상품가져오기] 버튼을 통해 샵플링으로 가지고 올 수 있다.

3 _ 쇼핑몰별 수수료와 가격 설정 방법

갑자기 왜 가격을 다루는 지 의아할 수 있다. 지금 가격을 다루는 이유는 샵플링에서 도매매 상품을 가져올 때 쇼핑몰에 등록할 '판매가'를 결정하기 때문이다. 그래서 쇼핑몰별 먼저 수수료를 알고 가는 게 중요하다. 수수료를 알게 되면 원가에 나의 마진 퍼센트를 얼마로 붙여야 될지 기획 할 수 있다.

쇼핑몰별 수수료

스마트스토어

스마트스토어는 총 2가지 종류의 수수료가 있다. 결제 수수료와 네이버쇼핑 매출 연동 수수료이다. 결제 수수료는 소비자가 어떠한 결제수단을 통해 주문했는지에 따라 결정된다. 신용카드, 계좌이체, 휴대폰 결제 등 각각 1 ~ 3.85% 까지 정해져 있다. 네이버쇼핑 매출 연동 수수료는 스마트스토어 상품을 네이버쇼핑에 노출시켜 판매하고 주문이 들어오면 건당 수수료 2%가 부과 된다. 그래서 각 수수료를 더하면 최대 5.85%의 수수료가 나갈 수 있다.

스마트스토어센터 〉 상품관리 〉 상품등록 페이지에서 판매가 부분의 아래 설명에 '수수료안내'를 클릭하여 자세한 사항을 확인할 수 있다.

G마켓, 옥션

스마트스토어를 제외하고 거의 다른 쇼핑몰들은 상품이 등록된 카테고리 별로 수수료가 부과된다. G마켓, 옥션은 13%인 카테고리 들이 주를 이룬다. G마켓, 옥션의 판매자센터인 ESM PLUS 접속 〉 상품등록/변경 〉 상품등록 페이지에서 카테고리 항목의 [옥션이용료 안내] 와 [G마켓이용료 안내]를 통해 각 카테고리 별로 몇 퍼센트인지 확인할 수 있다.

여기서 잠깐!

판매를 진행할 쇼핑몰들의 카테고리 별 수수료를 확인하는 이유는 수수료의 평균이 어느 정도인지 확인하기 위해서이다. 쇼핑몰별 카테고리 수수료들의 평균을 통해, 샵플링 속 수수료 퍼센트로 적용시켜 판매가를 설정할 것이다.

무재고 쇼핑몰의 가장 큰 장점은 다양한 상품들을 팔 수 있다는 것이다. 사업 초반이라면 다양한 카테고리 상품들을 등록하며 수수료들의 평균치를 통해 가격 설정에 활용한다. 추후에 본인의 주력 카테고리가 생긴다면, 그때는 구체적으로 판매 쇼핑몰의 수수료를 확인하여 보다 더 적합한 가격을 기획할 수 있다.

11번가

11번가의 수수료 역시 카테고리 별 서비스 이용료가 다르지만 대부분 13% 수수료이다. 11번가 셀러오피스에 접속하여 상품관리 〉 상품등록 〉 카테고리별 서비스 이용료를 통해 직접 확인할 수 있다.

인터파크

인터파크도 마찬가지로 카테고리 별 서비스 이용료가 13% 인 수수료들이 대부분이다. 인터파크 판매자매니저에 접속하여 상품 관리 〉 상품등록 〉 판매정보 〉 판매가 〉 수수료계산기를 통해 상품 등록하고 싶은 카테고리의 수수료를 확인할 수 있다.

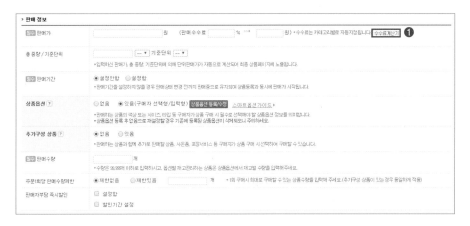

티몬

티몬의 카테고리별 판매수수료는 위메프와 비슷하며 평균 약 15%이다. 티몬 파트너센터에 접속하여 오픈마켓딜관리 〉 오픈마켓딜 등록 〉 기본정보 〉 카테고리에서 [전체 수수료 확인]을 통해 카테고리 별 수수료를 확인할 수 있다. 또한 티몬도 월 서비스수수료라는 항목으로 기준 매출액을 넘으면 부과되는 수수료가 있다. 월 매출액 20만원 이상 발생시 99,000원이 부과된다.

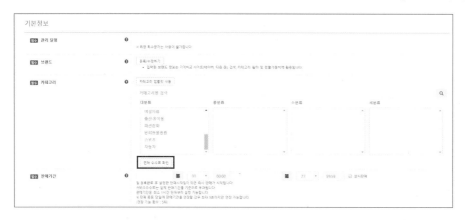

위메프

위메프는 지금까지 다룬 쇼핑몰보다 수수료가 좀 더 높은 편이며 평균 약 15%이다. 위메프 파트너2.0에 접속하여 상품관리 〉 상품등록 〉 [위메프 판매 수수료 안내] 버튼을 통해 카테고리를 검색하여 확인할 수 있다. 위메프에서의 수수료는 판매수수료와 여러 수수료들이 있다. 특히 고정수수료를 알아야한다. 월매출이 100만원 이상 일 경우 고정수수료로서 99,000원이 부과된다. 자세한 사항은 위메프 파트너2.0 메인의 파트너 가이드 〉 정산/매출신고 가이드에서 확인할 수 있다.

쿠팡

쿠팡의 판매수수료는 약 10% 정도로 스마트스토어보다는 높지만 타 쇼핑몰들보다는 저렴하다. 쿠팡 wing 〉 상품관리 〉 상품등록을 통해 임의로 카테고리를 누르면 상품등록 페이지를 접속할 수 있다. 여기서 기본정보의 판매수수료 부분에 [수수료 안내]를 통해 확인 가능하다. 또한 쿠팡도 판매자서비스 이용료가 있어 월 매출액 100만원이 넘을 경우 55,000원이 추가로 부과된다.

쇼핑몰별 판매가 설정하기

1 판매할 상품의 가격을 결정하는 단계는 도매매 상품을 샵플링에 가지고 올 때다. 원가에 설정한 퍼센트로 계산되어 판매가가 정해지는 방식이다. '상품 가져오기(70쪽)'에 이어서 [상품가져오기] 버튼을 클릭하면 다음과 같이 새로운 창이 뜬다.

2 새로운 창에서 내용을 확인해보자.

◉ 쇼핑몰별 판매가설정

❶ 옵션추가금액 설정 : 상품에 옵션가가 있는 상품의 경우 이 항목이 설정에 따라 반영된다.

• '옵션추가금액 유지'는 옵션가에 대해 변화 없이 도매매 상품의 옵션가 그대로 유지가 되는 것이다.

• '옵션추가금액 마진율 계산하여 적용'은 계산된 판매마진율에 따라 상품의 옵션가도 계산되어 옵션 가가 높아지게 적용된다.

❷ 배송비 : 유료배송, 무료배송 선택을 하게끔 되어 있지만 유료, 무료 배송으로 상품을 등록하는 역할 이 아니다. 기본 값인 유료배송이면 가격에 변화가 없고, 무료배송을 선택하는 경우 무료배송 문구 옆에 있는 해당되는 금액만큼 쇼핑몰판매가에 더해진다. 상품의 가격에 배송비를 추가하여 녹일 수 있는 기능인 것이다.

❸ 가격준수조건 관련 : 도매매 상품들 중 공급사가 가격 준수조건을 설정한 경우가 있는 데, 이 부분을 체크하게 되면 추천단가 또는 최저단가에 맞춰서 적용할 수 있다.

❹ 상품판매가와 쇼핑몰별 판매가 : 판매가의 퍼센트를 설정하는 부분이다.

• '상품판매가'는 입점한 쇼핑몰별로 가격을 다르게 설정하지 않고 통일하여 적용시킬 때 선택한다. 표에서 '전체쇼핑몰' 부분의 가격 설정 부분을 의미한다.

• '쇼핑몰별 판매가'는 입점한 쇼핑몰별로 가격을 다르게 설정할 수 있는 기능이다.

상품판매가를 사용한다면 [쇼핑몰별 판매가등록]을 클릭하지 않고 빠르게 설정 가능하나, 가격경쟁력 을 더 갖출 수 있는 상품들을 유용하게 사용하지 못하게 된다. 그래서 [쇼핑몰별 판매가등록] 버튼을 눌러 펼쳐주고, 각 쇼핑몰별로 퍼센트를 설정해주는 것을 추천한다. 값을 입력하고 꼭 [계산하기] 버튼

> **❝** 상품 등록을 할 때 상품판매가를 사용할지, 쇼핑몰별 판매가를 사용할지 결정하게 된다. 쇼핑몰별 판매가를 사용하는 경우에는 꼭 [쇼핑몰별 판매가등록] 버튼을 눌러서 칸을 펼쳐 채워줘야 한다. 그렇지 않으면 '0원'으로 인식하고 있기 때 문에 상품등록에 실패하거나, 0원으로 상품이 등록될 수 있다.

- 테스트용가격 : 가져올 상품의 원가는 다 다를 것이다. 테스트용가격은 원가를 넣어 판매가가 얼마가 나올지 확인하는 용도로 사용할 수 있다. 가져올 때마다 입력해야 되는 것이 아니다.
- 원가마진율 : 원가(도매매 상품 가격)에 대해 나의 수익 부분을 몇 퍼센트로 할지 설정을 해주는 곳이다. 아래 예시에서는 25%로 설정을 해보았다. 판매에 대한 경험이 쌓이고 결과가 축적되면 내가 잘 판매하는 가격대를 파악하고 상품의 마진율을 쇼핑몰별로 바꿔보길 추천한다.
- 수수료율 : 상품이 판매되었을 때 판매가에서 쇼핑몰이 가져가는 수수료가 차감된 나머지 금액이 정산이 되어 통장으로 입금된다. 그래서 가격을 설정할 때 내가 벌어드릴 수익과 함께 쇼핑몰에서 차감될 수수료를 판매가격에 설정해야한다. 아래 예시에서는 스마트스토어 6%, 쿠팡 10%로 하고 나머지는 15%로 설정했었다. 더 정확하게 하려면 앞서 다룬 쇼핑몰별 수수료를 확인하고 설정하면 된다.
- 할인율 : 여기서 할인율은 할인을 상품에 설정하려는 것이 아니다. 할인을 설정하기 전에 판매가를 더 높이기 위함이다.
- 정액할인 : 퍼센트가 아닌 정확한 금액만큼 더해져서 판매가를 설정할 수 있다. 예를 들어 원가마진율, 수수료율, 할인율을 다 설정한 뒤 나온 쇼핑몰 판매가가 14,710원일 때 정액할인 부분에 1,000원을 넣고 계산하기를 누르면 15,710원이 된다.
- 쇼핑몰판매가 : 테스트용가격을 기준으로 원가마진율, 수수료율, 할인율, 정액할인이 계산되어 나온 최종 금액을 보여준다. 이 금액으로 선택한 모든 상품의 가격으로 설정되는 것이 아니다. 원가가 10,000원 이라면 이렇게 나온다는 예시이다.
- 판매마진율 : 각기 다른 원가를 가진 도매매 상품은 최종적으로 정해진 판매마진율 부분을 통해, 각 원가 대비 판매마진율을 통한 판매가가 정해진다.

▣ 공통설정

❶ 매입처 : 가지고 오려는 상품들을 각 매입처에 분류하여 가지고 올 수 있다.

❷ 상품그룹 : 샵플링 속에 상품들을 상품그룹을 통해 분류할 수 있다. 여기서 한 상품이 여러 그룹에 속할 수는 없다.

❸ 상품코드추가 : 여기에 값을 입력하면, 각 자사상품코드 앞에 입력된 값이 일괄적으로 입력된다.

❹ 상품명 검색어 추가 : 도매매 상품에는 공급사가 설정해둔 상품정보를 모두 가지고 온다. 이때 공급사가 설정해놓은 상품명에다가 검색어를 함께 추가시켜 상품명에 키워드를 더 넣을 수 있는 기능이다.

❺ 상품정보고시 설정 : 상품등록을 위해서는 상품의 정보고시가 함께 입력되어 있어야한다. 만약 빈값일 경우 '상세설명참조'로 채워주는 역할을 한다.

❻ 상품명앞 추가문구 : 상품명 앞에 일괄적으로 어떠한 문구를 넣을 때 사용한다. 홍보를 위해 마켓명이나 브랜드명을 넣는 경우가 있다.

❼ 상품명뒤 추가문구 : 상품명 뒤에 일괄적으로 어떠한 문구를 넣을 때 사용한다.

❽ 상세설명 상단 추가문구 : 상품 상세페이지 상단에 일괄적으로 어떠한 문구를 넣을 때 사용한다.

❾ 상세설명 하단 추가문구 : 상품 상세페이지 하단에 일괄적으로 어떠한 문구를 넣을 때 사용한다.

3 모든 부분이 다 설정이 되었다면, [적용] 버튼을 눌러 상품 가져오기를 완료한다.

§ 전문셀러전용 > 도매매상품가져오기 > 상품가져오기설정　　　　　[? 도움말]

■ 쇼핑몰별 판매가설정

옵션추가금액 설정	○ 옵션추가금액 유지 (도매매)　● 옵션추가금액 마진율 계산하여 적용 (쇼핑몰별 판매가는 사용하지 않음)
	※ 옵션추가금액 마진을 계산하여 적용 (기존판매가 - 옵션추가금액) 에 마진율,수수료율,할인율,정액할인을 적용하여 옵션추가금액이 산출되어 적용됩니다.
배송비	● 유료배송　○ 무료배송(2500 원 추가) ※ 마켓에 배송비 무료로 등록하실 경우 체크해주세요. 마켓 판매가에 배송비가 추가되어 자동 계산됩니다.
가격준수조건 관련	□ 준수조건 설정함　추천단가 ▼ ※ 준수조건설정시 선택된 단가 이하의 판매가 설정시 자동으로 선택된 단가로 설정됩니다. (단가 : 추천단가 및 최저단가)

쇼핑몰	테스트용가격	원가마진율	수수료율	할인율	정액할인	쇼핑몰판매가	판매마진율
전체쇼핑몰	10000 원	25 %	15 %	0 %	0 원	14710 원	32 %

[쇼핑몰별 판매가등록]

판매가등록 쇼핑몰선택	☑ 전체쇼핑몰 □ 옥션 □ 지마켓 □ 11번가 □ 스토어팜 □ 인터파크 □ 쿠팡 □ 티몬 □ 위메프 2.0 □ 멸치 쇼핑(수수료) □ 고도몰 □ 고도몰 5 □ 11번가(해외직구전용)						
옥션	10000 원	25 %	15 %	0 %	0 원	14710 원	32 %
지마켓	10000 원	25 %	15 %	0 %	0 원	14710 원	32 %
11번가	10000 원	25 %	15 %	0 %	0 원	14710 원	32 %
스토어팜	10000 원	25 %	6 %	0 %	0 원	13300 원	24 %
인터파크	10000 원	25 %	15 %	0 %	0 원	14710 원	32 %
쿠팡	10000 원	25 %	10 %	0 %	0 원	13890 원	27 %
티몬	10000 원	25 %	15 %	0 %	0 원	14710 원	32 %
위메프 2.0	10000 원	25 %	15 %	0 %	0 원	14710 원	32 %
멸치쇼핑(수수료)	10000 원	25 %	15 %	0 %	0 원	14710 원	32 %
고도몰	10000 원	25 %	15 %	0 %	0 원	14710 원	32 %
고도몰 5	10000 원	25 %	15 %	0 %	0 원	14710 원	32 %
11번가(해외직구전용)	10000 원	25 %	15 %	0 %	0 원	14710 원	32 %
[일괄적용]	10000 원	25 %	15 %	0 %	0 원	[계산하기]	

■ 공통설정

❶	매입처	매입처 ▼
❷	상품그룹	대분류 ▼　[상품그룹관리]
❸	상품코드추가	※ 자사상품코드 앞에 입력된 내용이 추가됩니다: 'AL' 입력시 'AL_OH00014051'로 출력됩니다.
❹	상품명 검색어 추가	□ 체크시 상품명 뒤에 (검색어)를 추가합니다.
❺	상품정보고시 설정	☑ 체크시 매칭되지 않은 빈값의 정보고시에 '상세설명참조'로 대체합니다.
❻	상품명앞 추가문구	
❼	상품명뒤 추가문구	
❽	상세설명 상단 추가문구	
❾	상세설명 하단 추가문구	

[적용] [닫기]

4 _ 빠르고 쉽게 상품 소싱하는 꿀팁

2020년 3월 12일 기준으로 도매매에는 488,349개(옵션 제외 기준)의 상품이 등록되어 있으며, 패션잡화부터 생활용품, 문구, 가전 등 다양한 카테고리의 상품들이 있다. 그런데 고민인 것은 이 많은 상품들 중에 무엇을 팔 것인지에 대한 문제이다. 어떤 상품을 팔아야 될지 고민되는 순간이 온 것이다.

구 도매매와 신 도매매

우선적으로 우리가 사용할 B2B 사이트인 '도매매'가 어떤 구조로 상품들이 진열되어 있고 어떤 방식으로 사용할 수 있는지 아는 것이 시작이다. 도매매 속에는 중요한 힌트들이 숨겨져 있다. 도매매의 모든 상품은 각 상품마다 7자리 숫자로 되어있는 상품번호가 지정되어 있다. 상품마다 메인 이미지 및 상세페이지를 무료로 다운로드 받을 수 있는 기능이 있으며, 해당 상품의 공급사에 대한 정보들이 오픈되어 있다. 도매매 메인 검색창에서는 도매매 상품번호, 상품명, 판매자ID, 닉네임을 통해 상품을 찾을 수 있게 구성되어 있다. 이러한 도매매는 2019년 6월경 사이트 리뉴얼을 통해 상품 DB에 대한 검색과 다운로드가 편리하게 더욱 강화되었다. 현재 구 도매매와 신 도매매를 둘 다 접속 할 수 있으며, 각 차이점을 이해하고 상품 소싱에 활용하면 좋다. 구 도매매와 신 도매매는 도매매 사이트 우측 날개 배너 부분을 통해 이동하며 사용할 수 있다.

구 도매매

구 도매매에서 검색창에 예시로 '선물세트'라는 키워드를 검색했다. 키워드를 통해 검색한 결과 목록은 메인 이미지와 상품명, 가격, 옵션 유무, 배송비, 공급업체 정보를 확인할 수 있다. 또한 나온 검색 결과에 대해서 가격대, 최소구매수량, 판매자 판매 정보, 키워드도 다시 재검색을 할 수 있다. 우리가 사용할 '샵플링'에서는 도매매 상품번호를 통해 주로 상품의 데이터를 가져온다. 그래서 상품번호가 굉장히 중요한 요소가 된다. 그러나 구 도매매에서는 이 상품의 상품번호를 알기 위해서는 해당되는 상품을 클릭한 후 나온 새 창에서 상품번호를 드래그하여 하나씩 복사를 해서 메모해두어야 한다.

신 도매매

신 도매매에서 동일하게 검색창에 '선물세트'라는 키워드를 검색했다. 바로 전과 비슷하게 결과 목록에서 메인 이미지와 상품명, 가격, 옵션 유무, 배송비, 공급업체 정보를 확인할 수 있다. 그러나 가장 큰 차이점은 내가 마음에 드는 상품, 내가 꼭 팔고 싶은 상품을 발견했을 때 바로 [선택상품DB담기]가 가능하다는 점이다.

따로 메모하지 않고 선택해두어 상품DB에 대한 정보를 일괄적으로 가지고 올 수 있는 기능이다. 또한 상품번호도 동시에 목록에서 확인할 수 있어 좀 더 손쉽게 상품번호를 알 수 있다. 그리고 검색 결과에 대한 재검색을 보다 더 구체화하여 필터를 넣어 설정할 수 있다.

도매매 배송대행B2B

상품명 ∨ 선물세트 🔍

인기검색어 🔺 선물세트 +1

도매꾹도매매교육센터
판매자및전문셀러교육

☰ 전체카테고리   상품DB검색   상품DB보관함   엑셀다운로드   엑셀일괄주문   기획전DB다운로드   해외직배송상품관

구매완료수 이번주 2,172,988

☑ 일반상품   ☑ 해외직배송상품

고객센터
1:1문의하기
1:1문의내역
사이트수정
요청
e-money충
전
1588-0628

패션잡화/화장품 ∨   의류/언더웨어 ∨   출산/유아용/문구 ∨   가구/생활/취미 ∨
스포츠/건강/식품 ∨   가전/휴대폰/산업 ∨

| 상품가격대 | [   ] ~ [   ] | 상품등록일 | [   ] ~ [   ] |

최저가인증   ◉ 전체 ○ 최저가확인상품 ○ 해당없음   과세여부   ◉ 전체 ○ 과세 ○ 면세 ○ 영세

판매자등급   ◉ 전체 ○ 1등급이상 ○ 2등급이상 ○ 3등급이상 ○ 4등급이상 ○ 5등급이상

전세계배송가능여부   ◉ 전체 ○ 국내배송(전세계배송불가상품) ○ 전세계배송가능상품

배송비   ◉ 전체 ○ 무료배송상품 ○ 유료배송상품 | ○ 수량별비례상품 제외 ○ 구간별배송료추가상품 제외
※ 스마트스토어를제외한 11번가,신물링,이셀러스,사방넷 사방넷 솔루션은 수량별비례 배송료 기능을 지원하지 않습니다
해당 솔루션에 상품등록을 원하는 경우, 반드시 수량별비례상품을 제외하고 검색하시기 바랍니다

원산지   ◉ 전체 ○ 국내산 ○ 국외산   성인전용상품여부   ◉ 전체 ○ 성인전용상품 ○ 성인전용상품 제외

[검색]   [검색초기화]

결과내재검색   [   ]   상품명, 판매자ID, 닉네임으로만 검색가능합니다

[결과내재검색]   [검색초기화]

□ 전체선택 기본보관함(11개) ▼   총 1,339건이 검색되었습니다

인기상품순 | 최근등록순 | 낮은가격순 | 높은가격순   ☰ ☷ 50개씩 보기 ▼

❶ ☑   국내 옵션가
상품번호 8559975
신궁전통과 명인 김규흔 한빛 한과선물세트   30,000 원   선결제   ⤓ 이미지다운 구매하기   제이앤비/NB (jnb77) 1등급
판매자의 다른상품

≫ ⚡ 선택상품DB담기 ❷   ✕ 선택상품수 0개   TOP↑ DOWN↓

도매매 인기검색어

도매매에서는 항상 메인 페이지 인기검색어를 제공하고 있다. 도매매의 검색량에 따라서 키워드 순위가 정해진다. 이것이 제일 손쉽게 접할 수 있는 상품소싱의 힌트라고 생각한다. 도매매는 기본적으로 우리와 같은 무재고로 상품을 판매하고 있는 셀러들이 사용을 하는 공간이다. 이 공간에서 많은 검색을 통해 인기 검색어가 되었다는 것은 그만큼 많이 팔리는 상품이라고 연결해서 생각할 수 있다. 물론 도매매, 도매꾹에서는 인기검색어 부분을 통해 공급사의 광고 용도로 제공되기도 하지만, 그 중에서도 실제 검색량을 바탕으로 순위가 변동된다는 것을 확인하였다. 메인 페이지에서 인기검색어 '더보기'를 클릭하면 150위까지의 키워드를 확인할 수 있다.

이동된 '더보기' 페이지를 아래와 같이 확인할 수 있다. 무재고 쇼핑몰 사업 초반이라면, 도매매에 들어와서 어떤 상품을 팔 것인지 고민하기보단 상품등록에 더 비중을 두는 것을 추천한다. 최대한 도매매에 있는 정보로써 파악하여 상품 소싱을 하고, 특히 1~10위의 키워드를 우선순위로 주목하는 게 좋다. 그리고 계절, 시즌의 상품에 대한 키워드를 파악하기 위한 용도로 사용해도 좋다.

상품 DB 검색

위 인기검색어를 통해 상품들의 키워드를 파악할 수 있었다. 키워드 하나로써 상품 검색을 하게 되었을 때 몇 천개 이상의 상품들이 나오게 되는 경우가 많다. 그러나 이 상품들을 다 올리는 것은 비효율적이고, 이 중에서 다시 필터를 넣어 내가 올릴 상품을 다시 선정하는 것이 좋다. 그렇기 위해서는 신 도매매에서 있는 [상품 DB검색] 메뉴를 통해 검색 범위를 좁혀 값을 얻을 수가 있다.

1 도매매 〉상품 DB검색 메뉴로 이동하면 다음과 같이 화면이 나온다. '상품등록일'은 도매매에 공급사가 해당되는 상품을 올린 등록 일을 의미하며, '카테고리선택'을 통해 도매매 카테고리 기준으로 상품 범위를 좁힐 수 있다. '상품가격대'를 설정하여 일정 범위의 금액 상품들만 가져올 수도 있다. 또한 '우수판매자인증', '최저가인증', '판매자등급'을 통해 검증된 공급사의 해당되는 상품을 우선적으로 선정할 수도 있다.

2 '선물세트' 키워드를 잡고 상품 DB 검색을 통해 상품을 선정해보자. 상품등록일은 1년으로 설정했고, 상품검색 부분에 상품명 키워드란에 '선물세트'를 입력한 후 [추가] 버튼을 눌러 검색 값이 지정되면 다음과 같이 표시된다. 이후 [검색] 버튼을 누른다.

3 [검색] 버튼을 눌러 나온 상품 개수를 보고 이 상품들을 더 필터를 넣을 것인지, 그대로 이 상품 모두를 올릴 것인지 결정한다. 초반에는 하나의 키워드 당 100개 정도 등록해서 다양한 키워드 상품들을 등록하는 것을 추천한다. 왜냐하면 오픈마켓은 계정 생성 후 5,000개에서 10,000개까지의 상품을 등록할 수 있기 때문에 상품들을 적절히 배분해주어야 한다.

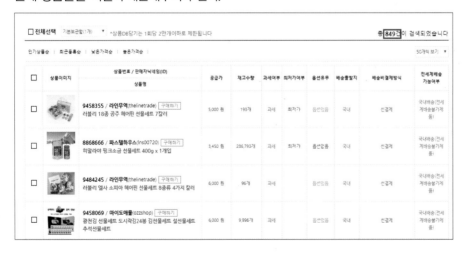

4️⃣ 검색 결과가 원하는 수만큼 될 때까지 필터를 하나씩 추가해주는 것이 좋다. 특히 옵션여부 필터를 통해 '옵션없음'을 설정하여, 옵션이 없는 단품 상품들만 불러올 수 있다. 상품에 옵션이 있으면 샵플링에서 가공을 해주어야 될 확률이 높다. 그래서 상품 등록이 원활한 단품부터 등록하는 게 좋다. 그리고 예시와 같이 세트 상품일 경우에는 주문 수량에 따라 배송비가 추가되는 수량별 배송비인 경우가 많아, 이 중에서 '수량별비례상품 제외' 필터를 통해 한 번 더 범위를 좁혀주는 게 좋다. 다시 [검색] 버튼을 눌러 결과를 확인하면, 105건의 상품이 검색 된 것을 알 수 있다.

5️⃣ 이제 알맞은 상품 개수가 되었으면 상품DB를 담는다. 105건의 상품을 모두를 전체선택했고, [선택상품 DB담기] 버튼을 통해 이 상품들의 상품번호를 일괄적으로 가져올 수 있다. 버튼을 누르면 선택한 모든 상품들이 상품DB보관함에 담아진 것을 알 수 있다.

⑥ 이동된 '상품DB보관함' 페이지에서 '보관함등록일' 오늘로 설정해주면 바로 전에 가져온 상품들만 나오게 할 수 있고, 보관함 폴더관리를 통해 상품DB들을 폴더에 넣어 둘 수도 있다. 상품DB보관함을 통해 우리가 얻으려고 하는 것은 이 상품들의 '상품번호'이다. 적은 개수의 상품수라면 상관없지만 이와 같이 100개가 넘는다면 일괄적으로 가지고 올 수 있는 방법을 찾는 게 중요하다. '보관함등록일' 오늘로 설정 후 [검색] 버튼을 통해 나온 상품들을 전체선택하면 선택상품수 105개가 된 것을 확인할 수 있다. 선택이 다 되었다면 하단의 [선택마켓별설정] 버튼을 누른다.

7 여기서 어려워 보이는 값들이 나오지만 당황하지 않아도 된다. 우리는 엑셀DB파일을 다운로드 받아서 '상품번호'만 일괄적으로 가지고 오려고 하는 것이기 때문이다. 그래서 솔루션선택도 아무거나 선택해주면 되고 판매가요율, 수수료, 고객센터연락처노출도 임의로 칸을 채워주면 된다. [엑셀다운로드 페이지에 저장] 버튼을 누른다. 나오는 팝업창에서 [이동] 버튼을 눌러 페이지를 이동한다.

⑧ '엑셀다운로드 페이지'로 이동된 후 이곳에서 바로 전에 만든 엑셀DB파일을 다운로드 받을 수 있다. [엑셀파일다운로드] 버튼을 눌러 압축파일을 다운로드 받는다.

⑨ 압축 파일을 풀고, 상품번호가 들어있는 엑셀 파일을 연다. 7자리 숫자로 된 '자사상품코드'열을 통해 105개의 상품번호를 일괄적으로 복사할 수 있다.

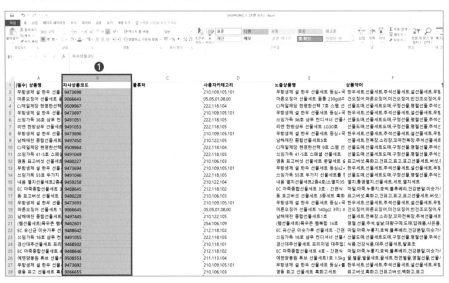

⑩ 이제 샵플링으로 이동하여 자사상품코드를 통해 값을 붙여 넣어 검색하고 상품을 가지고 올 수 있다. 하지만 바로 [H][1]도매매 상품가져오기를 진행하는 것은 아니다. 우선적으로 작업을 해주어야 할 사항들이 있다. 바로 이전에 엑셀에서 복사한 '자사상품코드'열을 [F][11]열/행 변환관리로 가져가서 붙여 넣는다. 이 작업을 하는 이유는 [H][1]도매매 상품가져오기에서 바로 붙여 넣어 검색을 할 경우에는 검색이 되지 않기 때문이

다. 왜냐하면 코드로써 다중검색을 하려면 코드를 ',(콤마)'로 구분해서 입력해야 되는데, 지금은 이 형태가 아니기 때문이다. 그래서 열/행 변환을 통해 '코드, 코드, 코드, …'의 형태를 만들어 다중검색을 할 수 있는 준비를 한다. [변환] 버튼을 누르면 열행이 변환되어 코드와 콤마가 반복되는 형태로 변환된다. 그 후 결과를 모두 선택(Ctrl + A)하고, 복사(Ctrl + C)한다.

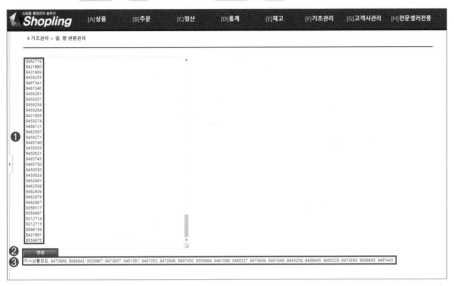

⑪ 이제 드디어 상품들을 가지고 올 준비가 끝났다. '[H][1]도매매 상품가져오기' 로 이동한다. 등록일은 넉넉히 과거에서 현재까지 설정해주고, 판매상태는 '판매중', 화면출력은 '최대(2000)', 노출여부는 '이미지노출여부', '가져오지 않은 상품보기' 체크를 한다. 검색항목으로 자사상품코드 또는 도매매상품코드 선택해주고, 바로 전에 복사한 값을 검색창에 붙여넣기(Ctrl + V)를 한다. [검색] 버튼을 누르고 검색 결과를 확인한 뒤, 가지고 올 상품을 선택하고 [상품가져오기] 버튼을 통해 가격설정을 한 후 가지고 올 수 있다.

기획전 활용하기

도매매는 메인 배너를 통해 최저가 상품, 인기 상품, 기획전 상품, 신규 상품의 DB를 선정하여 제공하고 있다. 최저가 상품을 통해 가격경쟁력을 얻고, 인기 상품을 통해 요즘 트렌드 키워드를 파악한다. 그 중에서도 기획전 상품들을 활용하여 시즌 상품들을 선정하기 쉽다. 바로 전에 배운 엑셀DB파일을 만들어 해당되는 기획전 상품들의 상품번호를 일괄적으로 가지고 올 수가 있다.

1 메인에 있는 기획전DB다운로드 배너를 클릭하면 아래와 같은 페이지로 이동하게 된다. 시즌과 계절에 맞게 기획전은 업데이트되며 시즌 키워드에 대해 파악하기 어려울 시 상품기획전을 이용하면 좋다.

2 많은 기획전들 중 '발렌타인/화이트데이 기획전'을 클릭해서 페이지를 이동했다. 이벤트 상품들이 선정되어있는 것을 확인할 수 있으며, 바로 이전 '상품 DB 검색'과 같은 방법을 통해 해당되는 상품번호들을 일괄적으로 가지고 올 수 있다.

상품별 배송 상품 등록하기

무재고 배송대행을 통해 판매를 진행한다면 상품 정보에 들어갈 주소는 어디로 해야 될까. 나의 주소를 기입하고, 상품별로 배송비가 부과되도록 하는 방법에 대해 배울 수 있다. 오픈마켓, 소셜커머스 총 8개의 상품별배송 기본정보 세팅을 한다. 상품별배송을 통해 상품 등록을 하는 방법과 등록이 실패되면 어떻게 처리할 수 있는 지 알아본다.

1 _ 상품별배송과 묶음배송 차이점 이해하기

필자가 생각하기엔 무재고로 상품을 판매할 때 독자들이 가장 많이 궁금해 하는 내용은 바로 이 것일 것 같다. 출고지와 반품지 주소를 어디로 해야 되는 지에 대한 문제이다. 먼저 답을 말하면, 본인의 사업장(거주지) 주소로 하면 된다. 추후에 공급사들을 선정하여 공급사마다 출고지와 반품지를 설정해주면 된다. 상품의 출고/반품지 주소가 어디인지, 소비자가 내게 되는 배송비의 부과 방식에 따라 '상품별배송'과 '묶음배송'이 나뉘게 된다.

상품별배송

상품등록을 위해서는 상품에 대한 정보뿐만 아니라, 그 상품이 어떤 주소를 가지며 며칠 안에 발송을 할 것인지 등에 대한 정보도 필요하다. 후자의 경우 샵플링에서는 '기본정보(배송정보)'라고 말한다. '상품별배송'은 이 기본정보(배송정보)에 출고/반품지를 본인의 주소로 기입하고, 묶음배송이 되지 않도록 상품별 배송비(묶음배송불가)를 설정하는 것을 말한다. 소비자가 장바구니에 담으면 동일한 판매자의 스토어라고 할지라도 상품마다 배송비가 부과되는 것이다.

이렇게 설정하는 이유는 우리가 발주를 넣을 때 해당되는 매입 상품비(원가)와 함께, 매입 상품의 배송비도 발생하기 때문이다. 만약 상품별배송을 작성하지 않는다면 무재고 셀러는 상품마다 여러 번의 매입 배송비를 내고 소비자는 한 번의 배송비를 지불하면 된다. 그래서 무재고 셀러는 역마진이 생길 가능성이 충분히 있다. 그리고 반품/교환의 경우 설정한 주소로 상품이 전달될 가능성이 있기 때문에 나의 주소이면서 실제 상품 받을 수 있는 장소여야 한다. 혹시 비상주오피스를 사용하고 있다면 거주지 주소나 실사용 중인 사무실 주소를 활용하면 되겠다.

묶음배송

'묶음배송'은 소비자가 장바구니에 담으면 한번만 배송비가 부과되는 경우를 말한다. 묶음배송으로 등록한 상품은 출고지, 배송비 부과 방식에 따라 자동으로 소비자 장바구니에서 묶여서 배송비가 결정된다. 그래서 상품별배송과 묶음배송을 구분하기 쉬운 방법은 장바구니에 상품을 넣어보는 것이다.

묶음 배송으로 설정하기 위해서는 공급사에 출고지와 반품지 주소를 물어보고 해당되는 주소를 사용하면 된다. 이 주소를 쇼핑몰별 관리자 사이트에서 주소를 저장해주고, 샵플링의 기본정보 (배송정보)에 새롭게 생성하여 상품등록에 사용하면 된다. 묶음배송을 하면 상품등록은 좀 더 까다로울 수 있으나 반품/교환이 편할 수 있다. 이에 대해서는 다음 단원에서 더 자세하게 다루겠다.

2 _ 상품별배송 기본정보 세팅 – 오픈마켓

상품별배송과 묶음배송의 차이를 알았다면, 먼저 상품별배송부터 시작해보자. 묶음배송은 상품별배송이 익숙해진 뒤 어느 정도 기간을 두고 설정하는 걸 추천한다. 상품별배송을 통해 샵플링의 프로세스를 익히고, 상품을 등록하면서 묶음배송을 할 공급사를 찾는 기간을 가지면 좋다.

샵플링에서는 상품에 출고/반품지가 어디인지, 며칠 안에 발송을 할 것인지 등에 대한 정보를 담는 '쇼핑몰기본정보'와 '쇼핑몰배송정보' 2가지가 있다. [A][15]쇼핑몰기본정보는 상품이 등록될 때 공통으로 들어가야 되는 기본정보와 배송정보 등이 담겨있다. [A][17]쇼핑몰배송정보는 [A][15]쇼핑몰기본정보의 '배송정보'에 대한 부분만 따로 잘라놓은 것이라고 생각하면 쉽다.
쇼핑몰에 상품이 등록되려면 상품과 함께 위 정보들이 반드시 있어야 된다. 샵플링에서 상품등록 전송을 할 때 '상품+기본정보' 또는 '상품+기본정보+배송정보'를 선택하면 상품등록 데이터가 쇼핑몰로 전송이 된다. 참고로 '상품+기본정보+배송정보'을 선택할 경우, 기본정보의 배송정보보다 추가로 선택한 배송정보가 더 우선순위로 인식하여 등록된다. 예를 들어, 2,500원의 배송비인 기본정보와 3,000원의 배송비인 배송정보를 둘 다 선택해서 상품등록을 전송할 때 3,000원으로 등록이 된다.

쇼핑몰마다 요구하는 기본정보(배송정보)의 형식이 다르기 때문에 쇼핑몰마다 기본정보(배송정보)를 만들어 주어야 된다. 기본정보(배송정보)에 들어가는 주소와 발송마감에 대한 부분은 해당 쇼핑몰에서 먼저 생성 후에, 샵플링에서 선택해주어야 한다.

지금부터 쇼핑몰별로 어떻게 기본정보를 만들 수 있는지 직접 따라해 본다.

스마트스토어 세팅하기

1 출고/반품지에 사용할 주소를 입력하기 위해 스마트스토어센터에 접속한다. 스마트스토어센터 〉 상품관리 〉 상품 등록 〉 배송 〉 판매자 주소록을 클릭한다.

❷ 주소록 창이 뜨고 출고지, 반품/교환지로 설정되어 있는 주소를 [수정] 하거나, [신규등록]을 통해 새로운 주소를 만들어 [저장]하여 생성할 수 있다.

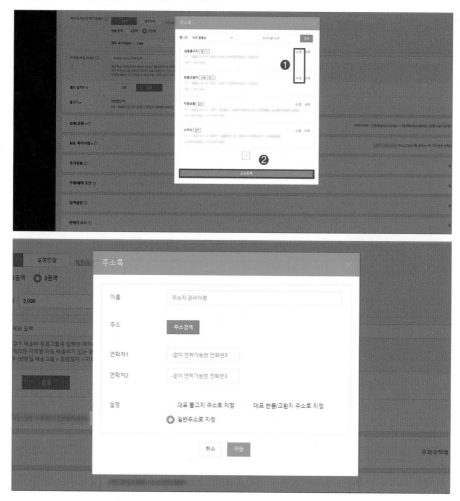

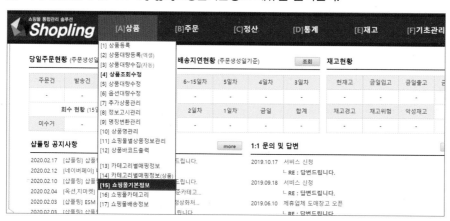

❸ 이제 샵플링에 접속하여 [A][15]쇼핑몰기본정보 메뉴를 클릭한다.

4 쇼핑몰기본정보 신규등록 〉 쇼핑몰선택에서 '스마트스토어'를 선택하고 [신규등록] 버튼을 누른다. [F][1] 연동지원쇼핑몰계정관리에서 연동을 한 쇼핑몰이라면 이곳에 나타나기 때문에 선택할 수 있다. 쇼핑몰을 샵플링에 연동을 해야 기본정보를 만들 수 있다는 의미가 된다.

5 스마트스토어 쇼핑몰기본정보를 만들 수 있는 창이 뜬다. 처음 신규로 생성하는 경우에는 '스마트스토어 쇼핑몰기본정보' 문구 옆에 '[신규]' 표시를 볼 수 있다. 이제 위에서부터 아래까지 살펴보며 하나씩 빈칸들을 채워주면 된다. 특히 '[필수]' 표시가 있는 곳을 신경써주면 된다.

▲ 페이지 확대보기

❶ 계정선택 : 내가 만들려는 쇼핑몰의 계정을 먼저 선택해주어야 한다. 나중에 선택을 하는 경우, 이전까지 작성했던 값들이 모두 삭제가 된다.

❷ 관리정보

- 제목 : 상품등록 시 이 제목만 보고 기본정보를 선택한다. 그래서 기본정보에 설정한 내용이 제목과 일치해야 되고, 구분하기 쉬워야 된다. 예시로 '상품별배송_2500'을 써주었다. 상품별배송의 기본정보이며, 2500원의 배송비 라는 뜻이다.

❸ 쇼핑몰 카테고리 선택 : 메뉴명 옆에 적혀있는 메모처럼 상품에 있는 카테고리를 사용할 것이기 때문에 빈칸으로 둔다. 상품에 있는 카테고리를 쓰지 않는 경우에 [A][16]쇼핑몰카테고리 만들어주면 된다. 일반적으로 기본정보에 있는 쇼핑몰 카테고리는 쓰지 않는다.

❹ 기본정보

- [필수] 상품상태 : 해당 기본정보를 통해 공통으로 들어갈 상품의 상태를 의미한다. 도매매 상품 판매라면 '새상품'을 선택한다.

- 어린이인증 제외여부, KC인증대상 제외여부, 친환경인증 제외여부 : 해당 기본정보를 통해 공통으로 들어갈 인증 관련 정보 여부를 나타낸다.

- 모델명 : 해당 기본정보를 통해 공통으로 들어갈 모델명이 있다면 입력한다.

- 단골회원 전용상품 : 특정 회원만 구입이 가능하게 설정 가능하다.

- 홍보문구 : 상품이 노출될 때 함께 나타나게 하는 홍보문구를 입력할 수 있다.

- 판매기간 : 특정기간만 판매일 경우 체크표시를 하고 날짜를 선택한다. 상시판매일 경우 기입하지 않는다.

- 최소구매수량 : 소비자가 주문 시 최소구매수량이 있도록 설정할 수 있다.

- 최내구매수량 : 소비사가 주문 시 최내구매수량이 있노록 설정할 수 있나.

- [필수] A/S 전화번호 : 소비자의 문의가 있을 경우 연락받을 전화번호를 입력한다. 우리가 고객과 소통할 연락처를 입력하면 된다.

- [필수] A/S 안내 : 소비자에게 전달할 안내사항을 입력한다.

- 상품명 길이 초과 시 처리 방법 : 상품명의 길이가 길면 상품등록이 되지 않는 경우가 있다. 그럴 경우 100자까지 끊어서 등록을 자동으로 처리해준다. 그래서 100자로 자동등록을 추천한다.

❺ 옵션정보 설정

- [필수] 옵션 정렬 방식 : 상품 등록을 할 때 상품에 옵션이 있을 경우 어떤 정렬 방식을 통해 나열할 지 선택한다.
- 직접 입력형 옵션 설정 : 해당 기본정보를 통해 공통으로 들어갈 옵션이 있다면 기입한다.
- 품절된 옵션 노출여부 : 상품의 옵션 중 품절된 옵션이 있다면 그 옵션을 노출할지, 미노출할지 선택한다.

❻ 배송정보 설정

- [필수] 배송여부 : '배송'을 선택한다. 상품이 직접 배송되지 않는 쿠폰 등의 서비스일 경우는 '배송없음'을 선택한다.
- [필수] 배송속성 : 언제 배송되는 지에 대한 선택이며, 일반배송과 오늘출발이 있다. 무재고 셀러의 경우 오늘출발은 공급사마다 다르기 때문에 '일반배송'을 추천한다.

- [필수] 배송방법 : '택배, 소포, 등기'를 선택한다. 직접 사입을 해서 가지고 있는 상품의 경우 방문수령, 퀵서비스가 가능하다는 표시와 주소를 설정할 수도 있다.
- [필수] 묶음배송 : 이 부분이 묶음배송과 상품별 배송을 선택하는 핵심 부분이다. '묶음배송불가(배송비 개별계산)'을 선택한다.
- [필수] 상품별 배송비 : 지금은 2500원의 기본정보를 만들고 있다. 그러니 '유료', 기본배송비 '2500'원, 결제방식은 '선결제', 지역별 추가배송비는 '설정함', 배송권역은 '3권역', 제주 추가배송비는 '3000'원, 제주 외 도서산간 추가배송비는 '8000'원을 설정한다.
- [필수] 별도 설치비 : '없음'을 선택한다. 해당 기본정보를 통해 공통으로 설치비용이 필요한 상품일 때만 설정한다.
- [필수] 출고지 : [판매자 주소록] 버튼을 눌러, 이전에 스마트스토어센터 '판매자주소록'에서 만든 나의 상품출고지를 선택하고 적용한다.
- 판매자 특이사항 : 해당 기본정보를 통해 공통으로 들어갈 특이사항이 있다면 기입한다.
- [필수] 반품/교환 택배사 : 스마트스토어의 자동 수거 택배사는 우체국 택배이다. [택배사] 버튼을 클릭 하여 '우체국택배' 선택 후 적용한다.
- [필수] 반품배송비 : 상품별 기본 배송비와 동일하게 '2500'원을 입력한다.
- [필수] 교환배송비 : 교환배송비는 상품별 배송비의 2배 값인 '5000'원을 입력한다.
- [필수] 반품/교환지 : [판매자 주소록] 버튼을 눌러, 이전에 스마트스토어센터 '판매자주소록'에서 만든 나의 반품교환지를 선택하고 적용한다.
- 개인통관고유부호 요청 여부 : '요청안함'을 선택한다. 해외구매대행의 경우 '요청함'을 통해 소비자의 개인통관고유부호를 주문 시 받을 수 있다.

❼ 유료 및 기타정보 설정

- 사은품 : 해당 기본정보를 통해 공통으로 들어갈 사은품을 기입할 수 있다.

- 가격비교사이트 등록 : 반드시 체크를 해주어야 상품이 네이버 쇼핑에 노출되어 판매가 가능하다.

- 즉시할인 : 해당 기본정보를 통해 공통으로 들어갈 할인 정보를 넣을 수 있다. PC만 할인 또는 모바일만 할인이 되게 설정이 가능하며, 할인에 대한 기간과 정액 할인인지 정률 할인인지 선택도 가능하다.

- 복수구매할인 : 소비자가 상품을 여러 개를 사거나 특정 금액 이상 구매할 시, 판매가에서 정액 할인 또는 정률 할인을 설정할 수 있으며 기간 설정도 가능하다.

- 포인트 : 소비자가 상품 구매 시 포인트를 받을 수 있게 설정을 할 수 있다. 포인트는 판매자의 정산 금액에서 차감되기 때문에 확인 후 설정한다.

- 무이자할부 : 소비자가 상품 구매 시 무이자 할부 수수료를 판매자 부담으로 지원하는 기능이다.

- 전시 공지사항 : 스마트스토어센터 〉 상품관리 〉 공지사항 관리에서 입력한 공지사항을 적용할 수 있다.

- e쿠폰 카테고리 필수 : 상품등록 시 e쿠폰에 해당하는 카테고리를 사용할 경우 설정한다.

🄖 모든 설정이 완료되면 페이지 맨 하단의 [저장] 버튼을 눌러 저장한다.

G마켓 세팅하기

🄋 며칠 안에 발송을 할지에 대한 '발송정책'과 출하지/반품지에 사용할 '주소'를 입력하기 위해 ESM PLUS에 접속한다. ESM PLUS 〉 상품등록/변경 〉 상품등록 2.0으로 이동한다.

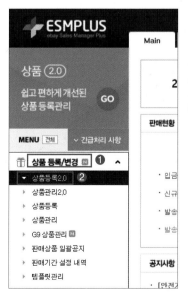

여기서 잠깐! **상품등록 1.0과 2.0**

G마켓, 옥션은 상품등록 1.0과 2.0이 있는데 상품등록 1.0은 상품별배송, 상품등록 2.0은 묶음배송을 뜻한다. 이에 대해서는 뒤에서 자세히 다루겠다. 지금 상품등록 2.0 으로 이동하는 이유는 주소를 입력하기 위해서이며 묶음배송을 설정하기 위해서는 아니다.

2 상품등록2.0 〉 노출정보 페이지 속에서 발송정책과 주소를 설정할 수 있다.

3 먼저 '발송정책'을 만들어보자. 배송정보 〉 발송정책 〉 G마켓 표시 옆에 [관리] 버튼을 누른다. 새 창에서 [신규등록] 버튼을 눌러 발송정책 선택은 '순차발송', 발송정책 입력은 '2'일로 하고 [저장] 하면, 다음과 같이 '순차발송 – 주문 후 2일내 발송'이 생성된다.

무재고 셀러는 공급사 상황에 따라 발송 일에 변동이 있을 수 있기 때문에, 다른 쇼핑몰들도 동일하게 2일로 설정해주는 것을 추천한다.

❹ 이제 상품이 등록될 때 설정할 '주소'를 만들어 주자. G마켓, 옥션은 [판매자 주소록]에서 주소를 만들고, 출하지를 생성해주는 순서이다. G마켓, 옥션은 주소가 함께 사용되기 때문에 동일한 주소라면 ESM PLUS에서 한번만 만들어주면 된다.

노출정보 〉 배송정보 〉 배송비 설정 〉 1. 출하지선택 옆에 [관리] 버튼을 누른다. 그러면 '출하지 관리' 창이 뜨고, [판매자 주소록]을 누르면 다음과 같이 창 2개가 된다.

❶ 나중에 나온 오른쪽 '판매자주소록' 창을 먼저 채워 주소를 생성한다. '신규등록/수정 관리'에서 필수 값인 '주소명'부터 '휴대전화'까지 입력하고 [저장]한다. 주소를 저장하면 상단 목록에서 주소를 선택할 수 있다. 해당 주소를 선택하고 [선택] 버튼을 누르면 '판매자주소록' 창은 없어지고 '출하지 관리' 창에 선택한 주소가 입력 되어있는 것을 볼 수 있다.

❷ '출하지 관리' 창에서 '신규등록/수정 관리'에서 필수 값인 '출하지명'을 입력하고 '도서산간 추가 배송비 설정'을 체크하여, '3000', '8000'을 각각 입력한다. 그 후 [저장]하면 주소 생성이 끝이 난다.

⑤ 이제 샵플링에서 G마켓 기본정보를 만든다. [A][15]쇼핑몰기본정보 〉 쇼핑몰기본정보 신규등록 〉 쇼핑몰 선택 에서 '지마켓'를 선택하고 [신규등록] 버튼을 누른다.

▲ 페이지 확대보기

❶ 계정선택 : 내가 만들려는 쇼핑몰의 계정을 먼저 선택해주어야 한다. 나중에 선택을 하는 경우, 이 전까지 작성했던 값들이 모두 삭제가 된다.

❷ 관리정보

- 제목 : 상품등록 시 이 제목만 보고 기본정보를 선택한다. 그래서 기본정보에 설정한 내용이 제목과 일치해야 되고, 구분하기 쉬워야 된다. 예시로 '상품별배송_2500_1.0'을 써주었다. 상품별배송의 기본정보이고, 1.0을 사용하며, 2500원의 배송비라는 뜻이다.

- 버전선택 : 상품별배송 기본정보를 만들기 위해서 상품등록 1.0인 버전선택 '1'을 선택한다.

❸ 쇼핑몰 카테고리 선택 : 메뉴명 옆에 적혀있는 메모처럼 상품에 있는 카테고리를 사용할 것임으로 빈칸으로 둔다. 상품에 있는 카테고리를 쓰지 않는 경우에 [A][16]쇼핑몰카테고리 만들어주면 된다. 일반적으로 기본정보에 있는 쇼핑몰 카테고리는 쓰지 않는다.

❹ 기본정보

- 고객사상품코드 : G마켓의 상품에 관리를 위한 상품코드를 적용할 수 있는데, 이를 '자사상품코드'로 하면 관리가 편하다.

- 상품타입 : 무재고 셀러는 기본 값인 '일반배송 상품'을 사용한다.

- 브랜드 : 해당 기본정보를 통해 공통으로 들어갈 브랜드가 있다면 입력한다.

- 판매방식 : 기본 값인 '오픈마켓 판매'를 사용한다.

- [필수] 판매기간 : 판매기간은 최대인 '90일'을 선택한다. 쇼핑몰마다 다르지만 상품이 등록이 될 때는 판매기간이라는 게 존재한다. 이 기본정보에서 알 수 있듯이 판매기간이 최대 90일이라는 것을 알 수 있다. 이 기간이 끝나면 상품은 내려가기 때문에 이에 대해 뒤에서 판매기간 연장 처리방법을 배울 것이다.

- 상품상태 : 해당 기본정보를 통해 공통으로 들어갈 상품의 상태를 의미한다. 도매매 상품 판매라면 '신상품'을 선택한다.

- 단위별 가격 : 해당 기본정보를 통해 공통으로 들어갈 단위별 가격이 있다면 설정한다.

- 최대구매 허용수량 : 해당 기본정보를 통해 공통으로 들어갈 최대구매 수량에 대한 제한이 있다면 설정한다. 없다면 '제한없음'을 사용한다.

- 추가 이미지등록 : 상품등록 시 이미지를 다양하게 사용할 수 있는 '등록함'을 사용하는 것을 추천한다.

- 추가 이미지설정 : 추가 이미지에 사용될 이미지를 대표이미지로 사용하는 '대표이미지 사용함'을 선택하면 추가로 이미지를 더 설정하지 않아도 된다.

- 상품명 길이 초과시 처리방법 : 상품명의 길이가 길면 상품등록이 되지 않는 경우가 있다. 그럴 경우 50byte 까지 끊어서 등록을 자동으로 처리해준다. 그래서 '50byte 로 자동등록'을 추천한다.

- 이미지 크기 미만시 처리방법 : '600 X 600 으로 자동등록'을 선택하는 것을 추천한다. 이미지가 작은 경우, 자동으로 가로, 세로의 크기를 600픽셀로 확대하여 등록이 된다.

- 광고/홍보 입력영역 설정 : 기본 값 상태로 둔다. 타 광고홍보 입력 사항이 있을 경우에만 선택한다.

- 도서정보 : 기본 값 상태로 둔다. 해당 기본정보를 통해 공통으로 들어갈 상품이 도서일 경우에만 사용한다.

- 안전인증정보 : 체크 할 경우, 상품에 인증정보가 없을 때 '상세설명에 별도표기'로 내용을 일괄적으로 채워준다.

❺ 옵션정보 설정

[필수] 옵션형식	⦿ 조합형 ○ 선택형	
	텍스트형	
재고수량 관리 여부	□ 재고수량관리함	
옵션 정렬 방식	⦿ 등록순 ○ 가격순 ○ ㄱㄴㄷ순	
추천옵션 매칭	☑ 사용함	
옵션이미지	☑ 사용함 ⦿ 상품대표이미지 사용 ○ 옵션이미지 사용	
미사용 옵션	☑ 송신 안 함	
품절옵션 노출여부	⦿ 노출함 ○ 노출안함	

❻ 배송정보 설정 ※ [A-17]쇼핑몰배송정보를 생성하여 사용시 입력하지 않으셔도 됩니다.

[필수] 발송정책 : S01951 [순차발송][주문 후 2일내 발송] 검색 삭제
* 판매고객님께서 설정한 발송정보 기준으로 발송처리가 되지 않을 경우 페널티가 부과될 수 있으니 정확한 정보를 입력해 주시기 바랍니다.

[필수] 배송방법 : ⦿ 일반택배배송 우체국택배 ▾
추가선택 □ 방문수령 □ 퀵서비스 □ 오늘출발

1. 출하지 선택 1097432 기본 출하지 검색 삭제
도서산간 추가배송비 설정 : 제주도 및 그 부속 도서 3000 원 도서지방 및 기타 산간지방 8000

2. 배송비 선택 ○ 묶음배송비 ⦿ 상품별 배송비

[필수] 배송비설정
○ 무료 0원 (판매자 부담)
⦿ 유료 2500 원
○ 조건부 무료 □□□ 원 □□□ 원 이상 구매시 무료
○ 수량별 차등 ○ 구매수량별 반복추가 ○ 배송비 구간 직접 입력
배송비 | 수량 구간 선결제만 가능 ▾
구간선택(최대5구간) ▾
원 | 개 미만
원 | 개 이상

반품/교환주소
검색 삭제
반품교환 택배사 선택 CJ GLS택배 ▾
반품/교환 배송비 (편도기준) 2500 원

[필수] 반품 정보 설정
• 반품/교환 택배사 중 대한통운택배는 CJ GLS택배로 서비스 통합되었습니다.
• 반품/교환배송비를 0원으로 입력하는 경우 무료반품/교환으로 설정되니 금액을 정확히 확인하시기 바랍니다.
• 구매자가 반품/교환신청 시 계산되는 반품/교환택배비는 원배송비와 반품/교환배송비 의 합계 금액입니다.
• 예시) 원배송비 2500원 (상품구매시 구매자가 이미 지불)+ 반품배송비 2500원 = 반품택배비 5000원
• 원배송비 무료 + 반품배송비 2500원 = 반품택배비 5000원 (원배송비가 무료일 경우 반품배송비* 2)

❺ 옵션정보 설정

- [필수] 옵션형식 : 기본 값인 '조합형' 또는 '선택형'을 사용하여 상품의 옵션을 사용하도록 설정한다.
  - 조합형 : 예시) 색상/사이즈 = 레드,Free / 핑크,Free (옵션 한 칸에 조합된 옵션이 함께 보임)
  - 선택형 : 예시) 색상 = 레드, 핑크, 블루 / 사이즈 = S, M, L 중 각 택1 (옵션명에 따라 각각 선택)
  - 텍스트 : 구매자가 직접 입력 할 수 있도록 되어 있다.
- 재고수량 관리 여부 : 샵플링에서 따로 재고수량에 대해 관리를 원할 경우에 설정한다.
- 옵션 정렬 방식 : 상품 등록을 할 때 상품에 옵션이 있을 경우 어떤 정렬 방식을 통해 나열할지 선택한다.
- 추천옵션 매칭 : 추천옵션은 샵플링에 입력한 옵션명을 쇼핑몰에서 지정한 옵션으로 변경하는 기능이다. 쇼핑몰에서 사용하는 표준적인 옵션으로 변경하고자 할 때 사용이 가능하다.

- 옵션이미지 : 체크 할 경우, 상품이 등록될 때 옵션도 각 이미지를 설정할 수 있다. 이 옵션이미지를 '상품대표이미지 사용'하면 추가적으로 옵션이미지를 설정하지 않아도 사용할 수 있다.
- 미사용 옵션 : 체크 할 경우, 상품 속 사용하지 않는 옵션이 있을 때 송신을 하지 않는다.
- 품절옵션 노출여부 : 상품의 옵션 중 품절된 옵션이 있다면 그 옵션을 노출할지, 노출하지 않을 지 선택한다.

❻ 배송정보 설정

- [필수] 발송정책 : [검색] 버튼을 누르면 ESM PLUS 〉 상품등록2.0 〉 노출정보 〉 배송정보 〉 발송정책에서 설정한 발송정책을 [선택] 할 수 있다. 앞서 만든 '순차발송 – 주문 후 2일내 발송'을 선택한다.
- [필수] 배송방법 : 기본 값인 '일반택배배송'을 사용하며, 택배사는 공급사 마다 달라지기 때문에 임의의 택배사를 선택해두면 된다. 추가로 방문수령, 퀵서비스, 오늘출발에 해당될 경우 설정을 할 수 있다.
- [필수] 배송비설정 : 이 부분이 상품별배송 기본정보의 핵심 부분이다.
  - 1. 출하지 선택 : [검색] 버튼을 통해 출하지를 선택할 수 있다. ESM PLUS 〉 상품등록2.0 〉 노출정보 〉 배송정보 〉 배송비 설정에서 설정한 나의 주소를 [선택] 한다.
  - 2. 배송비 선택 : '상품별 배송비'를 선택하고, '유료'를 선택하고, '2500'원을 입력한다. 우측에 '선결제만 가능'으로 설정하는 것을 추천한다.
- [필수] 반품 정보 설정 : [검색] 버튼을 통해 반품/교환주소를 선택할 수 있다. ESM PLUS 〉 상품등록2.0 〉 노출정보 〉 배송정보 〉 배송비 설정에서 설정한 나의 주소를 [선택]한다. 반품교환 택배사 선택은 공급사마다 택배사가 다르기 때문에 임의의 택배사를 선택해두면 된다. 반품/교환 배송비 (편도기준)에 '2500'원을 입력한다.

❼ 유료 및 기타정보 설정

추가구성 상품정보 입력	
광고홍보 입력	
A/S 정보	
청소년구매불가	● 아니오　○ 예
가격비교 사이트 등록여부	● 등록함　○ 등록안함
옥션/지마켓 비용 즉시할인 적용	● 적용함　○ 적용안함
사은품	○ 미사용　● 사용
이벤트경품사용	○ G마켓 이벤트 경품 등록 허용하지 않음　● 이벤트경품사용 허용
해외판매여부	● 해외판매를 진행하지 않음　○ 해외판매 함
판매자 부담할인	● 미사용　○ 사용 * 판매자 부담할인 정보는 실제 적용까지 최대 1분이 소요됩니다. 변경 내용이 미적용 될 경우 잠시 후 다시 확인해 주시기 바랍니다. * 정액 : 최소 100원 이상, 10원 단위입력, 판매가 대비 70%까지 허용 * 정률 : 1~70%까지 가능
고객혜택 서비스	복수구매할인　● 미사용　○ 사용　구매수량별 할인 설정　▼ 판매자지급 G마일리지　● 미사용　○ 사용 판매자지급 G스탬프　● 미사용　○ 사용 후원쇼핑　● 미사용　○ 사용

❼ 유료 및 기타정보 설정

- 추가구성 상품정보 입력 : 해당 기본정보를 통해 공통으로 들어갈 추가구성 상품정보 입력이 필요하다면 기입한다.

- 광고홍보 입력 : 해당 기본정보를 통해 공통으로 들어갈 광고홍보 문구를 입력할 수 있다.

- A/S 정보 : 해당 기본정보를 통해 공통으로 들어갈 A/S 정보를 입력할 수 있다.

- 청소년구매불가 : 해당 기본정보를 통해 공통으로 청소년구매불가 상품일 경우에만 '예' 표시로 설정한다.

- 가격비교 사이트 등록여부 : 반드시 체크를 해주어야 상품이 G마켓에 노출되어 판매가 가능하다.

- 옥션/지마켓 비용 즉시할인 적용 : 옥션/지마켓 부담 및 일부 지원 해주는 할인으로 설정을 원할 경우 선택한다.

- 사은품 : 해당 기본정보를 통해 공통으로 들어갈 사은품을 기입할 수 있다.

- 이벤트경품사용 : 이전 세팅 값이 있었으나 현재는 G마켓에서 기능이 없어져 제외하고 사용한다.

- 해외판매여부 : 해당 기본정보를 통해 공통으로 해외판매를 진행할지 선택할 수 있다.

- 판매자 부담할인 : 해당 기본정보를 통해 공통으로 들어갈 판매자 부담 할인 정보를 넣을 수 있다.

- 고객혜택 서비스 : 구매 고객에게 혜택을 설정할 경우 사용한다. 복수구매할인, 판매자지급 G마일리지, 판매자지급 G스탬프, 후원쇼핑을 설정할 수 있다.

❽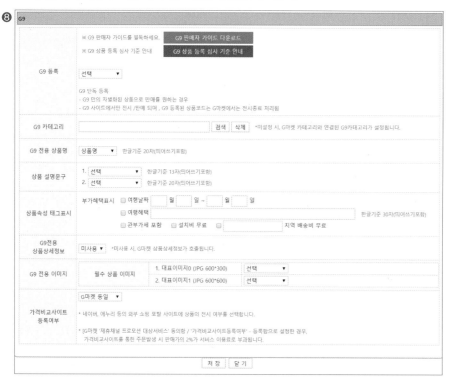

❽ G9 : G마켓 쇼핑몰이 아닌, G9에 입점하여 상품 등록하는 경우라면 사용한다.

6️⃣ 모든 설정이 완료되면 맨 하단의 [저장] 버튼을 눌러 저장한다.

옥션 세팅하기

1 상품별배송의 기본정보 세팅을 위 쇼핑몰 순서대로 진행하고 있다면, 주소는 바로 전에 G마켓 세팅 시 완료되었기 때문에 다시 설정하지 않아도 된다. '발송정책'만 추가로 생성하자.

ESM PLUS 〉 상품등록/변경 〉 상품등록 2.0으로 이동한다. 노출정보 〉 배송정보 〉 발송정책 〉 옵션 표시 옆에 [관리] 버튼을 누른다. 새 창에서 [신규등록] 버튼을 눌러 발송정책 선택은 '순차발송', 발송정책 입력은 '2'일로 하고 [저장]하면, 다음과 같이 '순차발송 – 주문 후 2일내 발송'이 생성된다.

2 이제 샵플링에서 옵션 기본정보를 만든다. [A][15]쇼핑몰기본정보 〉 쇼핑몰기본정보 신규등록 〉 쇼핑몰선택에서 '옵션'을 선택하고 [신규등록] 버튼을 누른다. G마켓과 대부분 메뉴가 동일하여 차이가 있는 메뉴 위주로 설명했다.

옥션 쇼핑몰 기본정보 [신규]

▲ 페이지 확대보기

쇼핑몰 계정정보

❶ [필수] 계정선택　[　　　▼　]

| 기본정보 [필수] | 유료서비스 [선택] | 문구추가 [선택] |

❷ **관리 정보 [38848]**

[필수] 사용여부	◉ 사용함　○ 사용안함
[필수] 제　목	상품별배송_2500_1.0
[필수] 지원옵션	◉ [선택형, 조합형3단까지] 지원
버전선택	◉ 1　○ 2

❸ **쇼핑몰 카테고리 선택** ※ [A-16]쇼핑몰카테고리를 생성하여 사용시 입력하지 않으셔도 됩니다.

[필수] 카테고리	[　][　][　][　]　[검색] [삭제]
Shop 카테고리	[　]　[검색] [삭제]
	* Shop 카테고리는 Plus shop 이용시 설정 가능합니다.

❹ **기본정보**

고객사상품코드	자사상품코드 [▼]
상품명 추가정보 사용 여부	☐ 사용함
브랜드	[　] [검색] [삭제] ☐ 브랜드직접입력 [　]　최대 50바이트, 직접입력된 브랜드는 검색대상에 포함되지 않습니다
판매방식	◉ 오픈마켓 판매 - 판매기간 : 무제한 가능 ｜ 등록이용료 : 무료 (단, 옥션 개인판매자는 7일에 300원) ○ 특가마켓 판매 - 판매기간 : 무제한 가능 (연장가능한 판매기간은 최대 12주) ｜ 등록이용료 : 2주당 2,000원
[필수] 판매기간	90일 [▼]
상품상태	◉ 신상품 ○ 중고품 * 중고품 선택 시 상품명 앞에 [중고품] 아이콘이 추가됩니다.
단위별 가격	[　] 당 [　] 원 * 상품의 단위 당 가격을 표기합니다. (예 : 1kg당 100원) * 카테고리 (품목)별 지식경제부 단위가격 표기기준에 따라 일관성 있게 표기를 해주시기 바랍니다.
최대구매 허용수량	◉ 제한없음　○ 제한설정
추가 이미지등록	○ 등록안함　◉ 등록함
추가 이미지설정	○ 추가이미지 사용함　◉ 대표이미지 사용함 (대표이미지 설정시 추가이미지가 대표이미지로 2개 등록됩니다.)
상품명 길이 초과시 처리 방법	○ 에러처리　◉ 50byte 로 자동등록 (선택시 상품명, 영문상품명이 한글25자 또는 영,숫자50자 초과시 50byte 까지만 자동 잘림으로 등록)
이미지 크기 미만시 처리 방법	○ 에러처리　◉ 600 X 600 으로 자동등록 (선택시 이미지 크기를 600 x 600 으로 변경해서 전송합니다. 이미지 깨짐에 유의하여 주십시오)
광고/홍보 입력영역 설정	[선택 ▼] * 선택하지 않을시 하단 유료 및 기타정보 설정에 있는 광고홍보 입력율 사용합니다.
도서정보	[선택하세요. ▼] [　] [검색] [삭제] * 도서 카테고리에 등록 시 도서 정보는 필수 입니다.(ISBN)
안전인증정보	☐ 인증정보가 없을경우 '상세설명에 별도표기' 선택

❶ 계정선택 , ❷ 관리정보, ❸ 쇼핑몰 카테고리 선택

모두 G마켓과 동일하다.

❹ 기본정보

- 상품명 추가정보 사용 여부

체크할 경우, 판매자닉네임을 사용하거나 홍보문구를 추가로 기입하여 적용시킬 수 있다.

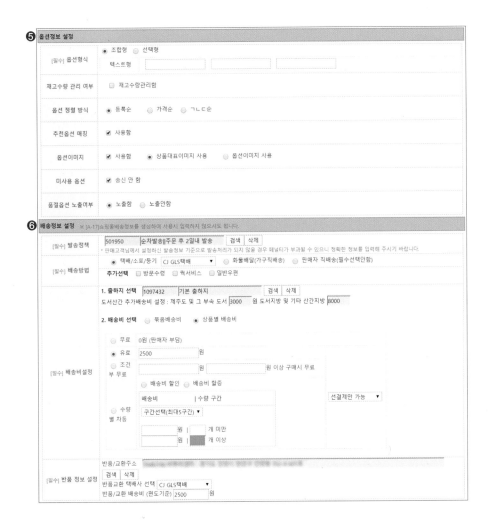

❺ 옵션정보 설정 : 모두 G마켓과 동일하다.

❻ 배송정보 설정

- [필수] 발송정책 : [검색] 버튼을 눌러 앞서 만든 '순차발송 – 주문 후 2일내 발송'을 [선택] 한다.
- [필수] 배송방법 : 기본 값인 '택배/소포/등기'를 사용하며, 택배사는 공급사 마다 달라지기 때문에 임의의 택배사를 선택해두면 된다. 추가로 방문수령, 퀵서비스, 일반우편에 대해 추가로 선택 할 수 있다.
- [필수] 배송비설정 : 이 부분이 상품별배송 기본정보의 핵심 부분이다. G마켓과 동일하게 설정한다.
- [필수] 반품 정보 설정 : G마켓과 동일하게 설정한다.

❼ 유료 및 기타정보 설정

모두 G마켓과 동일하다.

③ 모든 설정이 완료되면 맨 하단의 [저장] 버튼을 눌러 저장한다.

11번가 세팅하기

❶ 며칠 안에 발송을 할지에 대한 '발송예정일 템플릿'과 출고지, 반품/교환지에 사용할 '주소'를 입력하기 위해 11번가 셀러 오피스에 접속한다. 먼저 발송예정일 템플릿 생성을 위해 상품관리 〉 상품정보 템플릿 관리로 이동한다.

[발송예정일 템플릿 등록] 버튼을 눌러 나온 창에서, 발송방법은 '일반발송', '2일' 선택 후 [확인]한다. 그러면 다음과 같이 템플릿 목록에서 발송예정일 템플릿이 생성된 것을 확인할 수 있다.

2 이제 출고지, 반품/교환지 주소를 설정하자. 상품관리 〉 상품등록 〉 배송정보 입력에서 출고지 주소와 반품/교환지 주소 항목을 확인할 수 있다. 11번가는 각각 주소를 만들어야 돼서 '출고지 주소' 옆 [주소변경], '반품/교환지 주소' 옆 [주소변경]을 통해 입력해야 한다.

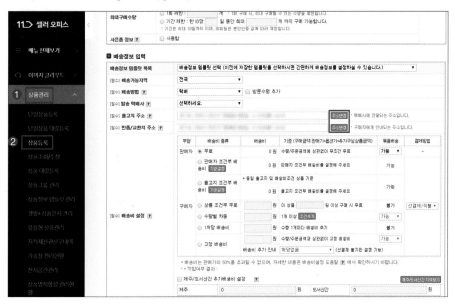

③ '출고지 주소' 옆 [주소변경]을 누르면 다음과 같이 창이 뜬다. 주소명부터 주소까지 입력한다. 아래 출고지 배송정책은 입력하지 않는다. 입력이 되었으면 하단의 [추가]를 눌러 주소를 저장한다.

④ 이제 반품/교환지를 입력하자. '반품/교환지 주소' 옆 [주소변경]을 누르면 다음과 같이 창이 뜬다. 주소명부터 주소까지 입력한다. 입력이 되었으면 하단의 [추가]를 눌러 주소를 저장한다.

5 이제 샵플링에서 11번가 기본정보를 만든다. [A][15]쇼핑몰기본정보 > 쇼핑몰기본정보 신규등록 > 쇼핑몰 선택 에서 '11번가'를 선택하고 [신규등록] 버튼을 누른다.

▲ 페이지 확대보기

❶ [필수] 계정선택 : 내가 만들려는 쇼핑몰의 계정을 먼저 선택해 주어야 한다. 나중에 선택을 하는 경우, 이전까지 작성했던 값들이 모두 삭제가 된다.

❷ 관리정보

- [필수] 제목 : 상품등록 시 이 제목만 보고 기본정보를 선택한다. 그래서 기본정보에 설정한 내용이 제목과 일치해야 되고, 구분하기 쉬워야 된다. 예시로 '상품별배송_2500_일반'을 써주었다. 상품별배송의 기본정보이고, 일반상품이며, 2500원의 배송비 라는 뜻이다.
- [필수] 상품유형

> **여기서 잠깐! 일반상품과 단일상품**
>
> 11번가는 일반상품과 단일상품이 있는 데, 단일상품은 상품들끼리 묶어 소비자에게 노출시킬 수 있는 그룹을 만들 수 있다. 11번가의 이 유형 2가지는 묶음배송의 유무는 아니다. 이에 대해서는 뒤에서 자세히 다루겠다. 단일상품은 일반상품보다 상품등록에 조건들이 까다롭기 때문에 초반에는 일반상품 위주로 등록하는 것을 추천한다.

❸ 쇼핑몰 카테고리 선택 : 메뉴명 옆에 적혀있는 메모처럼 상품에 있는 카테고리를 사용할 것임으로 빈칸으로 둔다. 상품에 있는 카테고리를 쓰지 않는 경우에 [A][16]쇼핑몰카테고리 만들어주면 된다. 일반적으로 기본정보에 있는 쇼핑몰 카테고리는 쓰지 않는다.

❹ 기본정보

- [필수] 닉네임 : 계정을 선택했다면 [검색] 버튼을 통해 나의 닉네임을 선택한다.
- [필수] 판매방식 : 상품을 고정된 가격으로 판매하는 '고정가판매'를 사용한다. 다른 사용목적이 있을 경우 공동구매, 예약판매, 중고판매를 사용할 수도 있다.
- [필수] 판매기간 : 상품이 등록된 후 진열을 유지하는 기간을 뜻한다. 선택지 중 최댓값을 선택하기 보단, 예시와 같이 '직접입력'을 선택하고, 시작일은 오늘 날짜 또는 빈칸으로 두고, 종료일을 미래로 설정해두는 것을 추천한다.
- [필수] 상품상태 : 도매매 상품을 판매하는 경우 일반적으로 '새상품'을 선택한다.
- [필수] 서비스상품 : 도매매 상품을 판매하는 경우 일반적으로 '일반배송상품'을 선택한다.
- 사용기간 : 특정 서비스상품을 판매하는 경우에만 설정한다.
- 지점/지역 정보 입력 : 특정 서비스상품을 판매하는 경우에만 설정한다.
- 숙박지역명 : 특정 서비스상품을 판매하는 경우에만 설정한다.
- 최초 체크인 날짜 : 특정 서비스상품을 판매하는 경우에만 설정한다.
- 마지막 체크아웃 날짜 : 특정 서비스상품을 판매하는 경우에만 설정한다.
- 등급 : 특정 서비스상품을 판매하는 경우에만 설정한다.
- 편의서비스 : 특정 서비스상품을 판매하는 경우에만 설정한다.
- 환불타입 : 특정 서비스상품을 판매하는 경우에만 설정한다.
- [필수] 해외구매대행상품 : 도매매 국내 상품을 판매하는 경우 '일반상품'을 선택한다. 해당 기본정보를 통해 등록할 상품이 해외구매대행일 경우에는 해외구매대행상품을 선택한다.
- 최소구매수량 : 소비자가 주문 시 최소구매수량이 있도록 설정할 수 있다.
- 최대구매수량 : 소비자가 주문 시 최대구매수량이 있도록 설정할 수 있다.
- 상품명 길이 초과시 처리 방법 : 상품명의 길이가 길면 상품등록이 되지 않는 경우가 있다. 그럴 경우 100byte 까지 끊어서 등록을 자동으로 처리해준다. 그래서 100byte 로 자동등록을 추천한다.

- 이미지 크기 미만시 처리 방법 : '600 X 600 으로 자동등록'을 선택하는 것을 추천한다. 이미지가 작은 경우, 자동으로 가로, 세로의 크기를 600픽셀로 확대하여 등록이 된다.
- [필수] 구입처 선택 : 'D: 현지 온라인 쇼핑몰'을 선택한다. 해당 기본정보를 통해 등록할 상품이 어떤 구입처에 해당되는 지를 의미한다.

❺ 옵션정보 설정
- 옵션 정렬 방식 : 상품 등록을 할 때 상품에 옵션이 있을 경우 어떤 정렬 방식을 통해 나열할지 선택한다.
- 구매자 작성형 : 상품 등록을 할 때 상품의 옵션이 구매자가 작성하는 형태일 때 사용한다.
- 미사용 옵션 : 체크 할 경우, 상품 속 사용하지 않는 옵션이 있을 때 송신을 하지 않는다.

❻ 배송정보 설정
- [필수] 배송가능지역 : 특정 지역만 배송하는 것이 아니라면 일반적으로 '전국'을 선택한다.
- [필수] 배송방법 : 기본 값인 '택배'를 사용한다. 추가로 우편, 직접전달, 방문수령, 퀵서비스, 배송필 요없음을 선택할 수도 있다.
- 발송예정일 : 아래 메뉴 '발송방법'에서 중복 내용이 있어서 필수는 아니다. 하지만 상품등록 시 실패가 된다면 [검색] 버튼을 눌러 발송예정일 칸을 채운다.
- [필수] 발송 택배사 : 택배사는 공급사 마다 달라지기 때문에 임의의 택배사를 선택해두면 된다.
- [필수] 발송방법 : '일반발송'을 선택한 뒤, [검색] 버튼을 누르면 11번가 셀러오피스 〉 상품관리 〉 상품정보 템플릿 관리 〉 발송예정일 템플릿 등록 에서 설정한 발송정책을 [선택]할 수 있다. 앞서 만든 '일반발송 – 오늘 주문완료 건 2일내 발송처리'을 선택한다.
- [필수] 출고지주소 : [검색] 버튼을 통해 출고지를 선택할 수 있다. 11번가 셀러오피스 〉 상품관리 〉 상품등록 〉 배송정보 입력 〉 '출고지 주소' 옆 [주소변경]에서 설정한 나의 주소를 [선택] 한다.
- [필수] 반품/교환지주소 : [검색] 버튼을 통해 반품/교환지를 선택할 수 있다. 11번가 셀러오피스 〉 상품관리 〉 상품등록 〉 배송정보 입력 〉 '반품/교환지 주소' 옆 [주소변경]에서 설정한 나의 주소를 [선택] 한다.
- [필수] 배송비설정 : 이 부분이 상품별배송 기본정보의 핵심 부분이다.
  부담, 배송비종류, 배송비, 기준, 묶음배송, 결제방법에 대해 표로 만들어져 있다. 이 중에서 '고정 배송비'를 선택하고, 옆에 '2500'원을 기입하고, 묶음배송에 대한 영역에 '불가'를 선택, 결제방법은 '선불'을 추천한다.
  하단에 '제주/도서산간 추가배송비 설정'을 체크하고, 제주 '3000'원, 도서산간 '8000'원을 기입한다.
- [필수] 반품/교환 배송비 : 반품배송비 '2500'원, 교환 배송비 '5000'원을 입력한다. 옆에 ▶ 초기배송비 무료시 부과방법 부분은 현재 무료배송이 아니기 때문에 어떤 값을 선택해도 상관없다.
- [필수] A/S 안내 : 소비자가 볼 수 있도록 A/S 안내에 대한 내용을 넣을 수 있다.
- [필수] 반품/교환 안내 : 소비자가 볼 수 있도록 반품/교환에 대한 내용을 넣을 수 있다.

❼ 유료 및 기타정보 설정

상품홍보문구	
가격비교 사이트 등록	⦿ 등록함 ○ 등록안함 - 11번가의 이용정책에 위반되거나 금지행위를 유발한 셀러의 경우 '등록함'을 선택하여도 노출되지 않을 수 있습니다.
상품리뷰/구매후기	⦿ 노출함 ○ 옵션비노출 ○ 노출안함
기본즉시할인	☐ 설정함
마일리지 지급	☐ 설정함
OK캐쉬백 지급	☐ 설정함
무이자 할부 제공	☐ 설정함
복수구매할인	☐ 설정함
희망후원 설정	☐ 설정함

저장 닫기

❼ 유료 및 기타정보 설정

- 상품홍보문구 : 상품이 노출될 때 함께 나타나게 하는 홍보문구를 입력할 수 있다.

- 가격비교 사이트 등록 : 반드시 '등록함'에 체크를 해주어야 상품이 쇼핑몰에 노출되어 판매가 가능하다.

- 상품리뷰/구매후기 : 상품에 소비자가 작성한 리뷰, 구매후기를 노출하거나 노출하지 않을 수 있다.

- 기본즉시할인 : 판매자가 부담하는 할인으로 설정을 원할 경우 선택한다.

- 마일리지 지급 : 해당 기본정보를 통해 공통으로 들어갈 마일리지 지급을 설정할 수 있다.

- OK캐쉬백 지급 : 해당 기본정보를 통해 공통으로 들어갈 OK캐쉬백 지급을 설정할 수 있다.

- 무이자 할부 제공 : 해당 기본정보를 통해 공통으로 무이자 할부 제공을 설정할 수 있다.

- 복수구매할인 : 소비자가 구매 수량 또는 금액이 기준 범위 이상일 때 할인 설정을 할 수 있다.

- 희망후원설정 : 판매가 될 때 마다 후원 금액을 설정할 수 있고 정산 시 차감된다.

❻ 모든 설정이 완료되면 맨 하단의 [저장] 버튼을 눌러 저장한다.

인터파크 설정하기

❶ 반품지에 사용할 '주소'를 입력하기 위해 인터파크 판매자매니저에 접속하여 상품관리 〉 상품등록으로 이동한다.

2 상품등록 〉 배송정보 〉 반품배송지 주소에서 [반품배송지 주소록]을 누른다. 다음과 같이 새로운 창이 뜨고, [배송지 등록하기] 버튼을 클릭하여 주소를 생성할 수 있다.

3 창 속 페이지가 바뀌고, 배송지 관리명부터 주소까지 입력한 후 [등록하기] 버튼을 누르면 완료된다.

4 이제 샵플링에서 인터파크 기본정보를 만든다. [A][15]쇼핑몰기본정보 〉 쇼핑몰기본정보 신규등록 〉 쇼핑몰선택 에서 '인터파크(OM)'을 선택하고 [신규등록] 버튼을 누른다.

인터파크 쇼핑몰기본정보 [신규]

쇼핑몰 계정정보

❶ [필수] 계정선택 ▢

기본정보 [필수]   유료서비스 [선택]   문구추가 [선택]

▲ 페이지 확대보기

❷ 관리 정보 [44634]

[필수] 사용여부	⦿ 사용함 ○ 사용안함
[필수] 제 목	상품별배송_2500
[필수] 지원옵션	[선택형, 조합형2단까지] 지원

❸ 쇼핑몰 카테고리 선택 ※ [A-1]쇼핑몰카테고리를 생성하여 사용시 입력하지 않으셔도 됩니다.

[필수] 카테고리				검색	삭제
테마 카테고리				검색	삭제
				검색	삭제
브랜드관 카테고리				검색	삭제

* 브랜드관 등록 판매자만 선택이 가능합니다.

❹ 기본정보

[필수] 판매방식	⦿ 일반배송 상품 ○ 예약판매
브랜드 등록여부	⦿ 브랜드등록안함 ○ 브랜드등록
[필수] 상품상태	⦿ 새상품 ○ 중고상품 ○ 반품상품 * 개인판매자가 상품 등록 시에 설정한 상품상태는 등록 이후 다른 상품상태로 수정할 수 없습니다.
[필수] 판매기간	360일간 ▾ ☑ 판매종료일 이후 선택된 판매기간으로 새롭게 갱신합니다.
상품명 길이 초과시 처리 방법	○ 에러처리 ⦿ 50byte로 자동등록 * 상품명이 한글기준 25자, 영/숫자 기준 50자 초과시 50byte로 편집하여 등록합니다.
판매자부담 즉시할인	▢ 설정함 ▢ 할인기간설정
원산지	▢ * 쇼핑몰 기본정보에 원산지를 입력하시면 상품정보에 원산지는 전송되지 않습니다.

❶ [필수] 계정선택 : 내가 만들려는 쇼핑몰의 계정을 먼저 선택해주어야 한다. 나중에 선택을 하는 경우, 이 전까지 작성했던 값들이 모두 삭제가 된다.

❷ 관리정보

- [필수] 제목 : 상품등록 시 이 제목만 보고 기본정보를 선택한다. 그래서 기본정보에 설정한 내용이 제목과 일치해야 되고, 구분하기 쉬워야 된다. 예시로 '상품별배송_2500'을 써주었다. 상품별배송의 기본정보이고, 2500원의 배송비 라는 뜻이다.

❸ 쇼핑몰 카테고리 선택 : 메뉴명 옆에 적혀있는 메모처럼 상품에 있는 카테고리를 사용할 것임으로 빈칸으로 둔다. 상품에 있는 카테고리를 쓰지 않는 경우에 [A][16]쇼핑몰카테고리 만들어주면 된다. 일반적으로 기본정보에 있는 쇼핑몰 카테고리는 쓰지 않는다.

❹ 기본정보

- [필수] 판매방식 : 도매매 상품을 판매하는 경우 일반적으로 '일반배송 상품'을 사용한다. 다른 사용 목적이 있을 경우 예약판매를 사용할 수도 있다.
- 브랜드 등록여부 : 해당 기본정보를 통해 공통으로 브랜드 상품 등록을 할 경우에 사용한다. 도매매 상품을 판매하는 경우 일반적으로 '브랜드등록안함'을 선택한다.

- [필수] 상품상태 : 도매매 상품을 판매하는 경우 일반적으로 '새상품'을 선택한다.
- [필수] 판매기간 : 상품이 등록된 후 진열을 유지하는 기간을 뜻한다. 선택지 중 최댓값인 '360일간'을 선택하고, 옆에 '판매종료일 이후 선택된 판매기간으로 새롭게 갱신합니다.'를 함께 체크한다.
- 상품명 길이 초과시 처리방법 : 상품명의 길이가 길면 상품등록이 되지 않는 경우가 있다. 그럴 경우 50byte 까지 끊어서 등록을 자동으로 처리해준다. 그래서 50byte 로 자동등록을 추천한다.
- 판매자부담 즉시할인 : 해당 기본정보를 통해 공통으로 들어갈 판매자 부담 할인 정보를 넣을 수 있다.
- 원산지 : 해당 기본정보를 통해 공통으로 동일한 원산지를 넣어야 한 경우 입력한다.

❺ 옵션정보 설정
- 주문1회당 판매수량제한 : 소비자가 주문 시 1회당 판매수량제한을 설정할 수 있다.
- [필수] 옵션 정렬 방식 : 상품 등록을 할 때 상품에 옵션이 있을 경우 어떤 정렬 방식을 통해 나열할지 선택한다.

- 구매시 요청사항 입력 : 소비자가 구매할 때 요청할 사항이 있을 경우 설정할 수 있다.

❻ 배송정보 설정

- [필수] 배송방법 : 기본 값인 '택배'를 사용한다. 추가로 우편, 화물배달, 배송필요없음을 선택할 수도 있다.

- [필수] 배송비설정 : 이 부분이 상품별배송 기본정보의 핵심 부분이다.

  상품별배송이라면 '이 상품만 별도 배송비 적용'을 선택한 뒤, 바로 하단에 해당되는 배송비종류를 선택하는 것이다. 이 중에서 '정액'를 선택하고, 옆에 '2500'원을 기입하고, 결제방법은 '선불'을 추천한다. 하단에 제주 '3000'원, 도서산간 '8000'원을 기입한다.

- [필수] 반품배송지 주소 : [반품배송지 주소록 검색] 버튼을 통해 반품 배송지를 선택할 수 있다. 인터파크 판매자매니저 〉 상품등록 〉 배송정보 〉 반품배송지 주소 〉 반품배송지 주소록에서 설정한 주소를 선택하고 [적용]한다.

- [필수] 반품/교환 배송비 : '판매자 기본 반품/교환 배송비 적용'을 사용한다. 혹시 설정할 금액과 다른 경우, '이 상품만 별도 배송비 적용'을 선택하여 직접 금액을 기입할 수 있다.

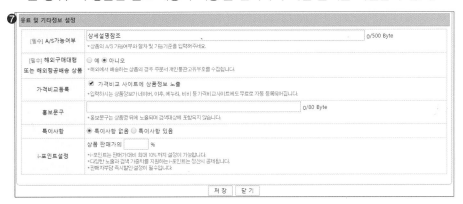

❼ 유료 및 기타정보 설정

- [필수] A/S가능여부 : 판매 상품의 A/S가능여부에 대하여 안내사항을 기입할 수 있다.

- [필수] 해외구매대행 또는 해외항공배송 상품 : 도매매 국내 상품을 판매할 경우는 '아니오'를 선택한다. 해당 기본정보를 통해 등록할 상품이 해외구매대행 또는 해외항공배송 상품일 경우, '예'를 선택하게 되면 소비자의 개인통관고유부호를 주문 시 함께 받을 수 있다.

- 가격비교 사이트 등록 : 반드시 체크를 해주어야 상품이 쇼핑몰에 노출되어 판매가 가능하다.

- 홍보문구 : 상품이 노출될 때 함께 나타나게 하는 홍보문구를 입력할 수 있다.

- 특이사항 : 해당 기본정보를 통해 공통으로 상품에 특이사항이 있을 경우 내용을 설정할 수 있다.

- i-포인트설정 : 판매자의 프로모션 방법으로 상품등록 시 설정할 수 있으며 정산 시에 차감되는 형태이다.

❺ 모든 설정이 완료되면 맨 하단의 [저장] 버튼을 눌러 저장한다.

3 _ 상품별배송 기본정보 세팅 – 소셜커머스

티몬, 위메프, 쿠팡은 이제 오픈마켓으로 전향하고 있다. 편의상 소셜커머스로 분류하여 설명했다. 앞서 오픈마켓 쇼핑몰별 기본정보를 설정했다면 이제 소셜커머스의 기본정보를 설정해보자. 오픈마켓과 동일하게 쇼핑몰 관리자 사이트에서 직접 주소지 등의 정보를 입력하고 샵플링에서 적용하는 구조이다.

티몬 세팅하기

1 출고, 반품 등 배송 관련 정보가 담긴 '배송템플릿'을 만들기 위해 티몬 파트너센터에 접속하여 주문관리 〉 배송템플릿 관리로 이동한다.

2 배송템플릿 관리 메뉴에서 [배송템플릿 생성] 버튼을 눌러 배송템플릿을 생성할 수 있는 페이지로 이동한다.

3 이제 2500원짜리 상품별배송 배송템플릿을 만들어준다.

배송템플릿 생성

① 기본정보

묶음배송여부	○ 묶음배송 적용 ◉ 묶음배송 미적용 · 해당 쇼핑몰숍에 연결된 일초 적등배송되지 않습니다.
배송템플릿 번호	
배송템플릿 명	상품별배송 2500
위탁여부	N (일반배송)
파트너	
생성일	
생성자	

② 상세정보

상품유형그룹 ?	○ 냉장/냉동/신선식품 ○ 해외구매 (해외직배송/해외 구매대행) ○ 화물/설치 ○ 주문 제작 ◉ 주문 후 발주 ○ 일반 상품 ○ 예외 상품
배송유형	○ 일반발송 ○ 당일발송 ◉ 예약발송
당일발송 마감시간 ?	[선택 ▼] · 주문 30분 후에 주문내역 캔슬이 가능하며, 결정하신 시간의 30분 전 기준으로 고객에게 자동 안내됩니다.

배송비 조건	배송비	추가조건
○ 무료 ?	0원	원 / 반품발생 시의 반품비(편도)
○ 조건부무료 ?	원	원 이상 구매시 무료
◉ 선결제 ?	2500 원	
○ 착불 ?	원	

배송비정책

◉ 가능 ○ 불가능

선택	제주도	제주 외 도서산간	비고
◉ 결제기능 제공	3500 원	8000 원	주문 시 도서산간 배송비 결제 기능 제공
○ 결제기능 미제공	도서산간지역에 따라 차등 배송비 적용 원 ~ 원		주문 시 도서산간 배송비 결제 기능 제공이 불가하여, 주문 발생 시 고객에 직접 연락하여 추가 배송비 별도 입금요청 필요

제주/도서산간 배송 ?

도서산간 지역별 자동 배송비 적용됩니다.(이중 제공되는 도서산간 지역 권역과 다른 지역권이 구분된 경우 도서산간 배송비의 결제 적용이 불가합니다.
결제 가능 제공 불가능 인한 추가 권역/기본인 배송정산 및 고객의 배송비용은 파트너와 선택에 따라 결정/감 유형 판단 됩니다.
제주 및 제주외 도서산간 지역 보기 〉

티몬반품 지정택배	○ 가능 ◉ 불가능 · 티몬반품 지정택배를 '불가능'으로 선택하셔도 지정수거가능 반품적용이 등록시 자동으로 수거들어가기 가능합니다. · 반품택배사 등록하러 가기 〉
배송방법 ?	우편배송 추가적용 · 기본 배송 방법 = '택배배송'과 이중 기준에 따라 차온배송을 추가 적용됩니다.

적용 기준 구분	적용 기준 상세
상품 금액 기준	원 이하 우편배송
상품 수량 기준	개 이하 우편배송

· 기본 배송 방법 = '택배배송'이고 '단독' '우편배송 추가적용' 및 입력 이중되는 경우는 우편배송 조건 상등 등록해주세요.
· '우편배송 추가 적용'은 불가능한 경우, 우편배송 및 경우에만 선택 가능합니다.

배송지주소	**주소찾기** · (주소지 설치배송을 클릭하여 주소지와 담당자를 입력해주세요)
배송지 번호	배송지 번호 배송지명
주소지	
담당자	

반품/교환주소	**주소찾기** · (주소지 설치배송을 클릭하여 주소지와 담당자를 입력해주세요)
반품/교환지 번호	반품/교환지 번호 반품/교환지 명
주소지	
담당자	

[목록]   [취소] [등록]

❶ 기본정보

- 묶음배송여부 : 상품별배송을 결정하는 핵심 부분이다. '묶음배송 미적용'을 선택하여 묶음배송이 아니라는 설정을 한다.
- 배송템플릿 명 : 이 배송템플릿의 정보를 쉽게 판단할 수 있도록 제목을 지어준다.

❷ 상세정보

- 상품유형그룹 : 이 배송템플릿을 통해 올릴 상품의 유형을 선택한다. 무재고 배송대행의 상품인 경우에는 '주문 후 발주'를 사용한다. 타 유형을 선택할 경우 샵플링에서 상품등록 전송이 안 될 수 있다.
- 배송유형 : 앞서 상품유형그룹을 '주문 후 발주'를 선택했다면 자동으로 '예외발송'만 선택할 수 있다.
- 당일발송 마감시간 : 앞서 상품유형그룹을 '주문 후 발주'를 선택하였기 때문에 해당내용에 속하지 않아 선택되지 않는다. 현 상태를 유지한다.
- 배송비정책 : 배송비 조건은 '선결제'를 선택하고 배송비는 '2500'원을 설정한다.
- 제주/도서산간 배송 : '가능', '결제기능 제공'을 선택하면, 소비자의 주소가 제주/도서산간일 경우 결제를 자동으로 받을 수 있다. 제주도는 3,000원 또는 3,500원. 도서산간은 8,000원을 추천한다.
- 티몬반품 지정택배 : 반품이 될 경우 처리될 택배 정보를 설정할 수 있다. 우리는 무재고 셀러로서 공급사에게 반품에 대한 요청을 할 것이기 때문에 '불가능'을 선택한다.
- 배송방법 : 앞서 상품유형그룹을 '주문 후 발주'를 선택하였기 때문에 해당내용에 속하지 않아 선택되지 않는다. 현 상태를 유지한다.
- 배송지주소 : [주소찾기]를 누르면 '주소지 관리' 창이 뜬다. 해당 창에서 배송지를 선택할 수 있다.
- 반품/교환주소 : [주소찾기]를 누르면 '주소지 관리' 창이 뜬다. 해당 창에서 반품/교환지를 선택할 수 있다.

4 모든 설정이 완료되면 하단의 [등록] 버튼을 눌러 저장한다.

여기서 잠깐! **제주, 도서산간 배송비**

지금까지 쇼핑몰들의 기본정보를 세팅하면서 공통적으로 있던 정보가 바로 제주, 도서산간 배송비이다. 도매매 공급사는 도매매에 상품을 올릴 때 제주, 도서산간 배송비를 설정해두고 등록 할 수 있다. 우리가 발주를 할 때 소비자의 주소로 자동 인식되어 그 주소가 제주, 도서산간 주소라면 공급사가 설정해둔 배송비가 추가로 부과된다. 그렇기 때문에 우리도 판매하는 쇼핑몰에 제주, 도서산간 배송비를 설정해두어 역마진이 되지 않게끔 세팅해두는 걸 추천한다.

현재 도매매 공급사들은 제주 배송비는 대부분 3,000원~3500원, 도서산간 배송비는 5,000원 이상으로 설정한 경우들이 많다. 간혹 제주 배송비를 4000원으로 설정해둔 공급사가 있으니 참고하여 넉넉하게 금액을 설정하는 것도 좋겠다.

5 이제 샵플링에서 티몬 기본정보를 만든다. [A][15]쇼핑몰기본정보 〉 쇼핑몰기본정보 신규등록 〉 쇼핑몰선택 에서 '티몬'을 선택하고 [신규등록] 버튼을 누른다.

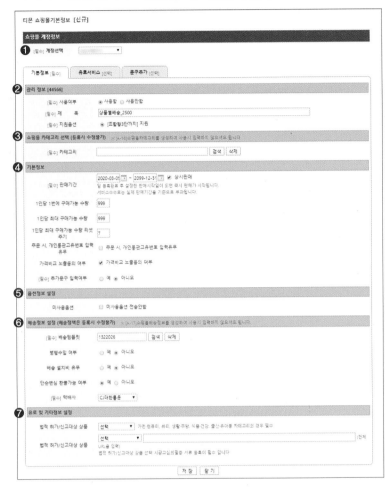

▲ 페이지 확대보기

❶ [필수] 계정선택 : 내가 만들려는 쇼핑몰의 계정을 먼저 선택해주어야 한다. 나중에 선택을 하는 경우, 이 전까지 작성했던 값들이 모두 삭제가 된다.

❷ 관리정보
• [필수] 제목 : 상품등록 시 이 제목만 보고 기본정보를 선택한다. 그래서 기본정보에 설정한 내용이 제목과 일치해야 되고, 구분하기 쉬워야 된다. 예시로 '상품별배송_2500'을 써주었다. 상품별배송의 기본정보이고, 2500원의 배송비라는 뜻이다.

❸ 쇼핑몰 카테고리 선택 : 메뉴명 옆에 적혀있는 메모처럼 상품에 있는 카테고리를 사용할 것임으로 빈칸으로 둔다. 상품에 있는 카테고리를 쓰지 않는 경우에 [A][16]쇼핑몰카테고리 만들어주면 된다. 일반적으로 기본정보에 있는 쇼핑몰 카테고리는 쓰지 않는다.

❹ 기본정보
• [필수] 판매기간 : 상품의 판매기간을 의미한다. 상시판매 부분을 체크하여 상품이 계속 판매될 수 있도록 한다.

- 1인당 1번에 구매가능 수량 : 기본 값인 '999'를 유지한다.
- 1인당 최대 구매가능 수량 : 기본 값인 '999'를 유지한다.
- 1인당 최대 구매가능 수량 리셋 주기 : 기본 값인 '7'을 유지한다.
- 주문 시, 개인통관고유번호 입력 유무 : 해외구매대행 상품 판매일 경우에 사용한다. 현재는 사용하지 않는다.
- 가격비교 노출동의 여부 : 반드시 체크를 해주어야 상품이 노출되어 판매가 가능하다.
- [필수] 추가문구 입력여부 : 상품 판매 시 문구가 함께 보이도록 설정할 수 있다.

❺ 옵션정보 설정
- 미사용옵션 : 체크 할 경우, 상품 속 사용하지 않는 옵션이 있을 때 송신을 하지 않는다.

❻ 배송정보 설정 (배송정책은 등록시 수정불가)
- [필수] 배송템플릿 : [검색]을 통해 앞서 티몬 파트너센터에서 만든 배송템플릿을 적용할 수 있다.
- 병행수입 여부 : 해당 기본정보를 통해 공통으로 병행수입 상품일 경우에 사용한다.
- 배송 설치비 유무 : 해당 기본정보를 통해 공통으로 설치가 필요한 상품일 경우에 사용한다.
- 단순변심 환불가능 여부 : 소비자가 단순변심의 사유로 환불신청이 가능한지 여부를 설정할 수 있다.
- [필수] 택배사 : 택배사는 공급사마다 달라지기 때문에 임의의 택배사를 선택해두면 된다.

❼ 유료 및 기타정보 설정
- 법적 허가/신고대상 상품 : 해당 기본정보를 통해 공통으로 법적 허가/신고대상 상품일 경우 해당 정보를 설정할 수 있다.

⑥ 모든 설정이 완료되면 맨 하단의 [저장] 버튼을 눌러 저장한다.

위메프 세팅하기

① 출고, 반품 등 에 대한 '배송정보'를 만들기 위해 위메프 파트너 2.0에 접속하여 상품관리 > 상품등록으로 이동한다.

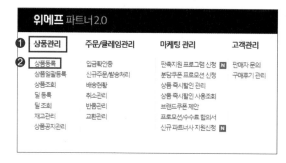

2 상품등록 페이지를 내려가다 보면 배송정보 〉 배송정보관리 부분을 볼 수 있다. [배송정보관리] 버튼을 눌러 배송정보를 생성할 수 있는 창을 연다.

3 배송 정보 관리 〉 배송정보 상세에서 새로운 배송정보를 등록하여 생성 할 수 있다.

① 배송정보 상세

• 배송 정보명 : 배송 정보가 어떤 설정으로 되어있는지 쉽게 판단할 수 있도록 제목을 지어준다.

• 배송 방법 : 도매매 상품 판매 시 '일반–택배배송'을 사용한다.

- 배송 유형 : 상품별 배송을 결정하는 핵심 부분이다. '상품별배송'으로 설정한다.

- 배송비 종류 : 2500원짜리 상품별배송을 만들기 위해서, 배송비는 '유료'로 설정한다.

- 배송비 : 2500원짜리 상품별배송을 만들기 위해서, '2500'원으로 기입한다.

- 수량별 차등 : 특정 수량을 정해두고 초과 시 마다 배송비를 추가 부과 설정할 수 있다. 현재는 '설정 안함'을 사용한다.

- 배송가능지역 : 일반적으로 '전국'을 사용한다.

- 도서산간 추가 배송비(편도) : 제주, 도서산간 배송비를 설정할 수 있다. 제주는 '3000'원 또는 '3500' 원으로 설정하며, 도서산간은 '8000'원으로 기입한다.

- 배송비 결제방식 : '선결제'로 배송비 결제 방식을 선택한다.

- 배송비 노출여부 : '선결제' 배송비일 경우에는 해당 부분에 선택사항이 없다.

- 사용여부 : 현재 설정하고 있는 배송정보를 사용할 지에 대한 여부를 설정할 수 있다.

❷ 자주 사용하는 반품/교환배송비, 출고지/회수지

- 반품/교환 배송비 : 선결제 배송비와 동일한 '2500'원을 기입한다.

- 출고지 : [주소검색] 버튼을 통해 주소를 검색하여 설정할 수 있다. 나의 사업장 주소 또는 거주지 주소를 사용한다.

- 회수지 : [주소검색] 버튼을 통해 주소를 검색하여 설정할 수 있다. 나의 사업장 주소 또는 거주지 주소를 사용한다. '출고지 주소 동일 적용'을 체크하면 앞서 사용한 출고지 그대로 복사해 올 수 있다.

❸ 자주 사용하는 출고기한

- 출고기한 : 무재고 배송대행 상품은 공급사 마다 발송 일정이 다르기 때문에 '2'일 이내 '주말,공휴일 제외'를 추천한다.

❹ 주문/결제 시 안심번호 서비스 사용 노출 여부

- 안심번호 서비스 사용 노출 여부 : 주문서에서 노출되는 안심번호 서비스 사용 항목의 노출여부를 지정할 수 있다.

4️⃣ 모든 설정이 완료되면 하단의 [등록] 버튼을 눌러 저장한다.

5️⃣ 이제 샵플링에서 위메프 기본정보를 만든다. [A][15]쇼핑몰기본정보 〉 쇼핑몰기본정보 신규등록 〉 쇼핑몰 선택에서 '위메프 2.0'을 선택하고 [신규등록] 버튼을 누른다.

▲ 페이지 확대보기

❶ [필수] 계정선택 : 내가 만들려는 쇼핑몰의 계정을 먼저 선택해주어야 한다. 나중에 선택을 하는 경우, 이 전까지 작성했던 값들이 모두 삭제가 된다.

❷ 관리정보

- [필수] 제목 : 상품등록 시 이 제목만 보고 기본정보를 선택한다. 그래서 기본정보에 설정한 내용이 제목과 일치해야 되고, 구분하기 쉬워야 된다. 예시로 '상품별배송_2500'을 써주었다. 상품별배송의 기본정보이고, 2500원의 배송비라는 뜻이다.

❸ 쇼핑몰 카테고리 선택 : 메뉴명 옆에 적혀있는 메모처럼 상품에 있는 카테고리를 사용할 것임으로 빈칸으로 둔다. 상품에 있는 카테고리를 쓰지 않는 경우에 [A][16]쇼핑몰카테고리 만들어주면 된다. 일반적으로 기본정보에 있는 쇼핑몰 카테고리는 쓰지 않는다.

❹ 기본정보

- [필수] 상품상태 : 도매매 상품을 판매하는 경우 일반적으로 '새상품'을 선택한다.

- 브랜드 : 해당 기본정보를 통해 공통으로 들어갈 브랜드가 있다면 입력한다.

- 제조사 : 해당 기본정보를 통해 공통으로 들어갈 제조사가 있다면 입력한다.

❺ 옵션정보 설정

- 텍스트형 옵션 설정 : 소비자가 직접 입력 할 수 있는 옵션으로 설정할 수 있다. 현재는 '사용안함'으로 설정한다.

- 업체상품코드 사용여부 : 일반적으로 업체상품코드 '사용'으로 설정한다.

❻ 배송정보 설정

- [필수] 배송정보 : [검색]을 통해 앞서 위메프 파트너 2.0에서 만든 배송정보를 선택하고, [적용]할 수 있다.

❼ 판매정보

- [필수] 기준가격근거 : 일반적으로 '위메프가'를 선택한다. '위메프가'는 상품을 등록한 파트너사가 직접 산정한 가격이다. '온라인 판매가'는 가격할인율이 표시되는 온라인판매가 등을 선택하는 경우 정상가격의 근거(온라인에서 판매하고 있는 화면의 캡쳐 등)를 남겨놓아야 한다. '사업자혜택가'는 위메프 비즈몰의 판매자가 제시하는 사업자전용상품의 가격이다.
- [필수] 판매기간 : 현재는 계속 상품을 진열해둘 것이기 때문에 '상시판매'를 체크한다. 특정기간만 판매할 경우는 '기간설정'을 체크하고 날짜를 설정할 수 있다.
- 최소구매수량 : 소비자가 주문 시 최소구매수량이 있도록 설정할 수 있다.
- 구매수량제한 : 소비자가 주문 시 구매수량에 제한이 있도록 설정할 수 있다.

❽ 부가정보

- 가격비교 사이트 등록여부 : 반드시 '등록'을 선택 해주어야 상품이 노출되어 판매가 가능하다.

❾ 이미지 정보

- 리스팅 이미지 : 상품등록 시 어떤 이미지를 사용하여 등록할 것인지 설정하는 부분이다. '대표이미지(오픈마켓)' 또는 '대표이미지(종합몰)'을 설정해야, 샵플링 상품 속에 있는 이미지를 통해 상품등록할 수 있다. 위메프 상품등록 시 자주 실패가 나는 부분이라 반드시 설정한다.

6 모든 설정이 완료되면 맨 하단의 [저장] 버튼을 눌러 저장한다.

쿠팡 세팅하기

1 출고지, 반품지 주소를 설정하기 위해 쿠팡 wing에 접속하여 상품관리 〉 출고지/반품지 관리로 이동한다.

2 이동된 페이지에서 [+ 출고지/반품지 추가] 버튼을 통해 주소를 생성할 수 있다.

3 먼저 '출고지'를 만들어 보자.

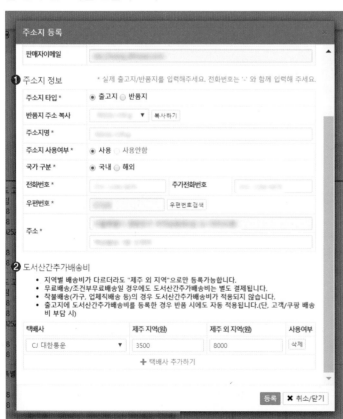

❶ 주소지 정보

• 주소지 타입 : '출고지'를 선택한다. 현재 만들려고 하는 주소지가 출고지인지, 반품지인지 선택을 먼저 해준다. 해당 타입에 따라 아래 메뉴가 바뀌게 된다.

• 반품지 주소 복사 : 이전에 만들어두었던 반품지 주소를 복사해 올 수도 있다.

• 주소지명 : 해당 주소를 편리하게 구분하기 위해 주소지명을 설정한다.

• 주소지 사용여부 : '사용'을 선택한다. 해당 주소를 사용할지 여부를 의미한다.

• 국가 구분 : 아래 기입할 주소가 국내인지 해외인지 구분할 수 있다.

• 전화번호 : 주소와 함께 사용할 전화번호를 설정한다.

• 추가전화번호 : 주소와 함께 사용할 추가전화번호를 설정한다.

• 우편번호 : [우편번호검색]을 통해 설정할 주소를 검색하여 해당 우편번호를 선택한다.

• 주소 : 나의 사업장 주소 또는 거주지를 입력하여 상품별배송의 출고지로 사용한다.

❷ 도서산간추가배송비

• 택배사 : 택배사는 공급사 마다 달라지기 때문에 임의의 택배사를 선택해두면 된다.

• 제주 지역(원) : '3000'원 또는 '3500'원 기입하여 사용한다.

• 제주 외 지역(원) : '8000'원을 기입하여 사용한다.

④ 모든 설정이 완료되면 하단의 [등록] 버튼을 눌러 저장한다.

⑤ 이제 다시 [+ 출고지/반품지 추가] 버튼을 눌러, '반품지'를 만들어 보자.

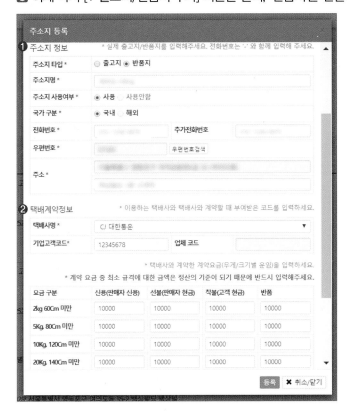

❶ 주소지 정보

- 주소지 타입 : '반품지'를 선택한다.
- 주소지명 : 해당 주소를 편리하게 구분하기 위해 주소지명을 설정한다.
- 주소지 사용여부 : '사용'을 선택한다. 해당 주소를 사용할지 여부를 의미한다.
- 국가 구분 : 아래 기입할 주소가 국내인지 해외인지 구분할 수 있다.
- 전화번호 : 주소와 함께 사용할 전화번호를 설정한다.
- 추가전화번호 : 주소와 함께 사용할 추가전화번호를 설정한다.
- 우편번호 : [우편번호검색]을 통해 설정할 주소를 검색하여 해당 우편번호를 선택한다.
- 주소 : 나의 사업장 주소 또는 거주지를 입력하여 상품별배송의 반품지로 사용한다.

❷ 택배계약정보

- 택배사명 : 택배사는 공급사 마다 달라지기 때문에 임의의 택배사를 선택해두면 된다.
- 기업고객코드 : 무재고 배송대행을 통해 상품을 판매하는 셀러라면 계약한 택배사가 없을 것이다. 해당 경우는 임의의 숫자를 7 또는 8, 10자리수를 입력하면 된다.
- 요금구분 : 이 부분도 임의의 숫자를 입력하여 모두 채워주면 된다.

6 모든 설정이 완료되면 하단의 [등록] 버튼을 눌러 저장한다.

7 이제 샵플링에서 쿠팡 기본정보를 만든다. [A][15]쇼핑몰기본정보 〉 쇼핑몰기본정보 신규등록 〉 쇼핑몰선택에서 '쿠팡'을 선택하고 [신규등록] 버튼을 누른다.

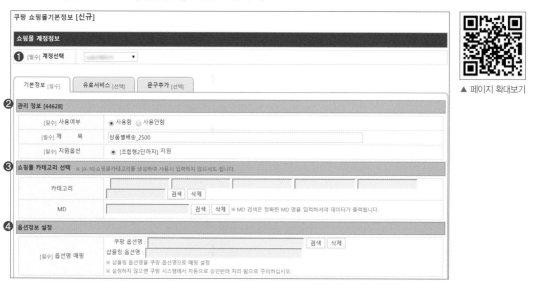

▲ 페이지 확대보기

❶ [필수] 계정선택 : 내가 만들려는 쇼핑몰의 계정을 먼저 선택해주어야 한다. 나중에 선택을 하는 경우, 이 전까지 작성했던 값들이 모두 삭제가 된다.

❷ 관리정보

• [필수] 제목 : 상품등록 시 이 제목만 보고 기본정보를 선택한다. 그래서 기본정보에 설정한 내용이 제목과 일치해야 되고, 구분하기 쉬워야 된다. 예시로 '상품별배송_2500'을 써주었다. 상품별배송의 기본정보이고, 2500원의 배송비라는 뜻이다.

❸ 쇼핑몰 카테고리 선택 : 메뉴명 옆에 적혀있는 메모처럼 상품에 있는 카테고리를 사용할 것임으로 빈칸으로 둔다. 상품에 있는 카테고리를 쓰지 않는 경우에 [A][16]쇼핑몰카테고리 만들어주면 된다. 일반적으로 기본정보에 있는 쇼핑몰 카테고리는 쓰지 않는다.

❹ 옵션정보 설정

• [필수] 옵션명 매핑 : 일반적으로 기본정보에 있는 옵션명 매핑은 사용하지 않는다. 상품에 있는 옵션을 사용하거나, [A][16]쇼핑몰카테고리에서 설정한 옵션을 함께 선택하여 사용한다.

❺ 기본정보

• 판매대행 수수료(%) : 해당 기본정보를 통해 공통으로 판매대행의 경우 선택적으로 설정할 수 있다.

• [필수] 판매요청일정 : 판매에 대한 일정 설정을 할 수 있다. 상시 판매일 경우는 빈칸으로 둔다.

• [필수] 단위수량 : 기본 값인 '1'을 유지한다.

• [필수] 인당 최대 구매 수량 / 기간 : 기본 값인 '0'개 / '1'일을 유지한다.

• [필수] 병행수입 여부 : 해당 기본정보를 통해 공통으로 병행수입 상품일 경우 선택하여 사용할 수 있다.

• [필수] 해외 구매 대행 여부 : 해당 기본정보를 통해 공통으로 해외구매대행 상품일 경우 선택하여 사용할 수 있다.

• [필수] 상세설명 선택 : '상품상세설명 전송'을 선택하여 상품에 있는 상세설명 부분을 사용하여 상품 등록이 되게 한다.

- 이미지 크기 미만시 처리 방법 : '500 X 500 으로 자동등록'을 선택하는 것을 추천한다. 이미지가 작은 경우, 자동으로 가로, 세로의 크기를 500픽셀로 확대하여 등록이 된다.
- 쿠팡옵션 판매자상품코드 : 쿠팡에 상품등록 될 때 '샵플링 옵션자체관리코드'를 사용하여 구분에 용이하게 한다.
- 쿠팡 옵션바코드 : 일반적으로 '연동안함'을 사용한다.
- 쿠팡 옵션모델넘버 : 일반적으로 '연동안함'을 사용한다.

❻ 옵션정보 설정
- [필수] 옵션재고 수정시 매칭 기준 : 샵플링의 옵션재고가 수정될 때 매칭될 기준을 '샵플링 옵션상세 매칭' 또는 '샵플링 옵션차체관리코드 매칭'을 기준으로 수정되게 할 수 있다.

❼ 배송정보 설정
- [필수] 배송방법 : 도매매 상품 판매 경우 일반적으로 '일반배송'을 사용한다.
- [필수] 개인통관부호 필수 여부 : '비필수'를 선택한다. 해외구매대행 상품일 경우라면 '필수'를 사용한다.
- [필수] 묶음배송 : 상품별배송이 결정되는 핵심 부분이다. 묶음배송 여부에서 '묶음배송불가'를 선택한다. 하단의 '묶음배송 개수'는 빈칸으로 둔다.
- [필수] 도서산간 배송여부 : 도매매 상품 대부분 도서산간 배송이 가능하기 때문에 '가능'을 사용한다.

- [필수] 출고소요기간 : 무재고 배송대행 상품일 경우 공급사마다 발송 일정이 달라 '2'일을 추천한다.
- [필수] 출고지 : [검색] 버튼을 눌러 앞서 쿠팡 wing에서 생성한 출고지를 [선택]한다.
- [필수] 택배사 : 택배사는 공급사 마다 달라지기 때문에 임의의 택배사를 선택해두면 된다.
- [필수] 배송비 종류 : 2500원짜리 상품별배송을 만들기 위해서, '유료배송'을 선택한다.
- [필수] 배송비 : 앞서 '유료배송'으로 설정했기 때문에 '기본배송비'와 '반품배송비(편도)' 금액만 설정하거나, 다 채워줘도 괜찮다. 2500원짜리 상품별배송을 만들기 위해서, 빈칸에 '2500'원으로 기입한다.
- [필수] 반품지 : [검색] 버튼을 눌러 앞서 쿠팡 wing에서 생성한 반품지를 [선택] 하면 자동으로 빈칸이 해당 내용으로 채워진다.
- [필수] 교환방법 : 공급사마다, 교환 사유마다 교환방법이 달라진다. 일단 '후교환'으로 설정한다.
- [필수] 착불여부 : 2500원짜리 상품별배송을 만들기 위해서, '선불'을 선택한다.
- [필수] A/S 안내 : 해당 기본정보를 통해 공통으로 A/S 안내 내용을 설정할 수 있다.
- [필수] A/S 전화번호 : 해당 기본정보를 통해 공통으로 A/S 전화번호를 설정할 수 있다.

❽ 유료 및 기타정보 설정
- 인증서 이미지 선택 : 해당 기본정보를 통해 공통으로 인증서류를 첨부할 경우 선택하여 설정할 수 있다.

8 모든 설정이 완료되면 맨 하단의 [저장] 버튼을 눌러 저장한다.

4 _ 상품별배송 상품 등록하기

샵플링에서 상품을 등록할 때 '상품+기본정보+(배송정보)'의 구조가 되어야 등록을 전송할 수 있다. 그래서 지금까지 상품 등록에 필요한 '상품별배송'에 대한 기본정보를 만들었다.

이제 그러면 "Chapter 02 내 쇼핑몰에 상품 채우기 > 2. 샵플링으로 도매매 상품 가져오기, 3. 쇼핑몰별 수수료와 가격 설정 방법"을 통해 상품을 가져온 뒤, 바로 전에 만든 상품별배송 기본정보를 사용해서 상품을 등록해보자.

1 샵플링 [A][18]쇼핑몰상품등록을 클릭한다.

2 오른쪽 [검색] 버튼을 누르면 가지고 온 상품들 중 쇼핑몰에 아직 등록되지 않은 상품을 목록에서 보이게 할 수 있다. 등록할 상품을 체크 표시를 통해 선택하고 [쇼핑몰 상품등록하기] 버튼을 누른다.

3 새로운 창이 뜨고, 선택한 상품을 등록할 쇼핑몰을 선택할 수 있게 된다. 특정 쇼핑몰만 등록한다면 부분적으로 선택하면 되고, 아니라면 쇼핑몰을 모두 선택하고 [선택] 버튼을 누른다.

4 바뀐 페이지에서 상단에는 선택된 쇼핑몰을 확인할 수 있고, 아래에는 선택 내용들이 있어 설정해야 될 값들을 선택해주어야 한다.

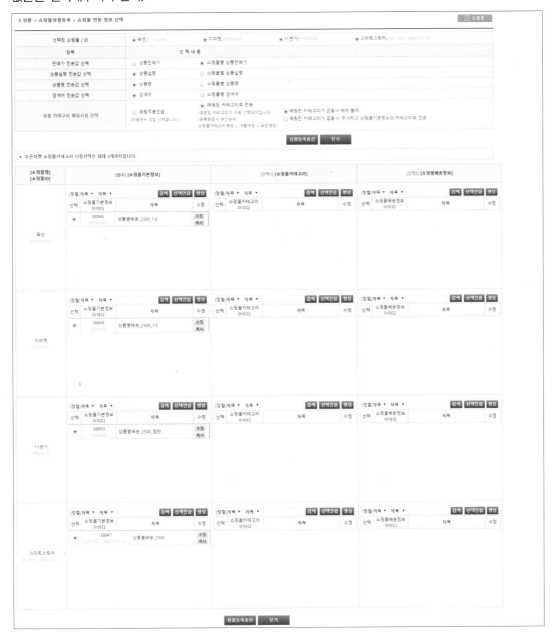

- 판매가 전송값 선택 : 상품판매가를 사용할지, 쇼핑몰별 상품판매가를 사용할지에 대한 선택을 한다. 쇼핑몰별 상품판매가를 사용할 경우, 상품 가져오기 시 쇼핑몰별 상품판매가 설정이 선행되어 있어야 한다. 쇼핑몰별로 판매가를 달리하여 가격경쟁력을 높일 수 있는 상품이 생기게 '쇼핑몰별 상품판매가'를 사용하는 것을 추천한다.

- 상품설명 전송값 선택 : 상품 설명을 쇼핑몰별로 다르게 설정했다면 쇼핑몰별 상품설명을 사용할 수 있다. 쇼핑몰별로 동일하다면 '상품설명'을 사용한다.
- 상품명 전송값 선택 : 상품명을 쇼핑몰별로 다르게 설정했다면 쇼핑몰별 상품명을 사용할 수 있다. 쇼핑몰별로 동일하다면 '상품명'을 사용한다.
- 검색어 전송값 선택 : 검색어를 쇼핑몰별로 다르게 설정했다면 쇼핑몰별 검색어를 사용할 수 있다. 쇼핑몰별로 동일하다면 '검색어'을 사용한다.
- 상품 카테고리 매핑사용 선택 : 현재 상품을 등록하려는 쇼핑몰은 모두 매핑된 카테고리가 존재하기 때문에 '매핑된 카테고리로 전송'을 선택한다. '매핑적용안함'을 선택할 경우 쇼핑몰마다 쇼핑몰카테고리를 생성하고 선택해주어야 한다.

여기서 잠깐!

샵플링 표준카테고리샵플링 표준카테고리란? 쇼핑몰들의 비슷한 카테고리를 묶어두어 두는 샵플링의 기준 카테고리이다. 쇼핑몰들의 카테고리를 하나씩 선택하지 않고도 샵플링 표준카테고리만 선택하면 각 쇼핑몰별 카테고리가 연결되어 있기 때문에 편리하게 등록할 수 있는 구조가 된다. 상품 속에 샵플링 표준카테고리를 기준으로 쇼핑몰별로 카테고리가 연결되어있는 것을 볼 수 있다. 해당되는 쇼핑몰은 옥션, G마켓, 11번가, 스마트스토어, 인터파크, 티몬, 쿠팡, 위메프, 11번가(직구), 허브셀러이다. 그래서 이 쇼핑몰들은 쇼핑몰카테고리를 따로 만들지 않아도 되며, 매핑된 카테고리를 사용하면 된다.

위 항목들을 모두 선택하였으면 아래 쇼핑몰별로 기본정보를 선택한다. [필수] [쇼핑몰기본정보]로 필수라고 표시되어 있다. '상품+기본정보'로 상품을 등록 송신하기 위해서는 이처럼 쇼핑몰별 기본정보를 모두 선택해주어야 등록이 가능하다. [선택1] [쇼핑몰카테고리]와 [선택2] [쇼핑몰배송정보]는 선택사항이다. [상품등록송신]을 눌러 상품등록을 송신한다.

⑤ 로딩 중 표시가 뜨고 순차적으로 등록 송신이 완료 된다. 상품, 쇼핑몰마다 '성공여부'를 통해 성공하거나 실패하는 결과를 확인할 수 있다.

실패의 경우는 [A][19]쇼핑몰상품등록(실패건)에서 실패 메세지를 통해 원인을 파악한 후 해당되는 부분을 수정하고 재전송하면 된다.

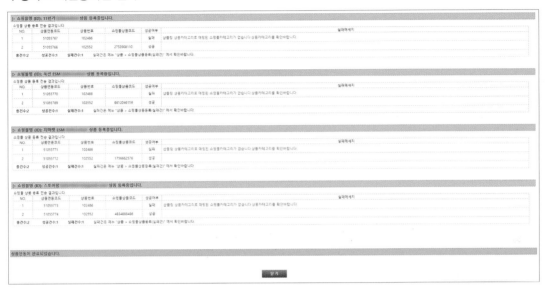

⑥ 상품등록의 결과를 다시 확인하기 위해 [A][18]쇼핑몰상품등록에서 등록한 상품의 자사상품코드를 통해 검색해보았다. 이때 [검색] 버튼 옆에 상품이 등록된 쇼핑몰보기를 함께 체크하는 것을 추천한다. 상품등록이 성공한 상품은 등록된 쇼핑몰들을 볼 수 있고, 실패한 상품은 등록된 쇼핑몰이 없는 미등록인 걸 볼 수 있다.

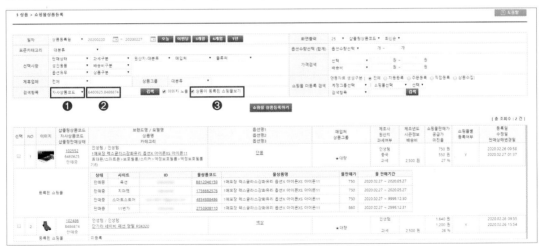

5 _ 상품등록이 실패된 경우

상품등록을 하다보면 상품이 모두 원활하게 등록되는 것은 아니다. 등록을 전송하면 성공하는 것도 있고 실패하는 것도 있다. 샵플링에서 상품등록이 실패가 발생하는 이유는 쇼핑몰마다 원하는 형식이 있으나 그와 맞지 않았기 때문이다. 원하는 형식에 맞게 수정을 하고 다시 재전송을 해야 실패 건을 성공으로 바꿀 수 있다.

■ 등록의 실패 건이 날 경우, [A][18]쇼핑몰상품등록에서 다시 등록을 전송하기보다는 [A][19]쇼핑몰상품등록(실패건)에서 처리하는 것을 추천한다.

[A][18]쇼핑몰상품등록에서 다시 등록을 전송하면 무엇때문에 실패가 생겼는지 에 대한 실패 메세지를 확인할 수 없다. 또한 다시 등록을 재전송하다가 쇼핑몰에 중복으로 상품이 등록될 가능성이 크다. 같은 상품이 중복으로 등록될 경우 패널티를 받게 되어 판매 계정에 문제가 생길 수 있다.

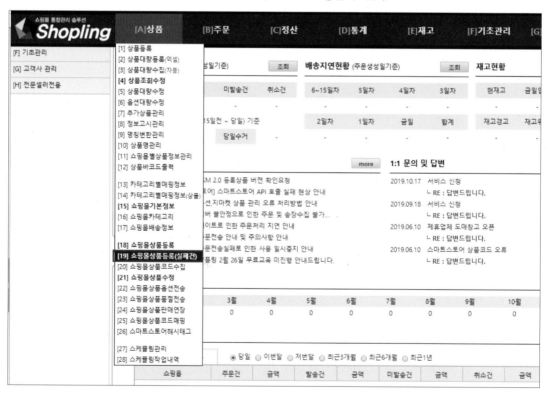

❷ 상품 등록 전송에 실패가 된 상품의 자사상품코드를 통해 [A][19]쇼핑몰상품등록(실패건)에서 검색을 했다. 이와 같이 실패내용이 기록 되어있는 전송자료들을 확인할 수 있다. 실패 내용을 통해 판단해야 될 것은 '상품'에 문제가 있는지, '기본정보'에 문제가 있는지 확인하는 것이다. 크게 이 2가지 중 한 가지에 문제가 있기 때문에 실패가 된다.

❸ 샵플링에서는 항상 메뉴 항목들을 통해 어떤 값을 표시하는 것인지 확인하면 이해하기 쉽다. 이 실패 건들에서 '샵플링상품코드'와 '쇼핑몰기본정보'를 통해 '상품'에 문제가 있는지, '기본정보'에 문제가 있는지 확인할 수 있다. 실패 내용을 통해 무엇이 문제인지 확인하고, 각 하이퍼링크를 통해 확인한다.

예시로 가져온 이 실패 내용은 〈샵플링 상품카테고리로 매핑된 쇼핑몰카테고리가 없습니다. 상품카테고리를 확인바랍니다.〉이다. 매핑된 카테고리가 없다는 문구를 통해 '상품'에 연결되어있는 카테고리가 없다는 의미로 이해할 수 있다.

선택	NO	상품전송코드 쇼핑몰명 로그인ID	샵플링상품코드 고객사상품코드 쇼핑몰상품코드	쇼핑몰기본정보 쇼핑몰카테고리 쇼핑몰배송정보	상품명 모델명 브랜드명
☐	1	51055770 옥션	102486 8486874	38848 매핑정보없음	단가라 네이비 패션 양말 RSK020 인생템 인생템
	실패 내용			샵플링 상품카테고리로 매핑된 쇼핑몰카테고리가 없습니다.상품카테고리를 확인바랍니다.	
☐	2	51055773 스마트스토어	102486 8486874	38847 매핑정보없음	단가라 네이비 패션 양말 RSK020 인생템 인생템
	실패 내용			샵플링 상품카테고리로 매핑된 쇼핑몰카테고리가 없습니다.상품카테고리를 확인바랍니다.	
☐	3	51055771 지마켓	102486 8486874	38849 매핑정보없음	단가라 네이비 패션 양말 RSK020 인생템 인생템
	실패 내용			샵플링 상품카테고리로 매핑된 쇼핑몰카테고리가 없습니다.상품카테고리를 확인바랍니다.	
☐	4	51055767 11번가	102486 8486874	38850 매핑정보없음	단가라 네이비 패션 양말 RSK020 인생템 인생템
	실패 내용			샵플링 상품카테고리로 매핑된 쇼핑몰카테고리가 없습니다.상품카테고리를 확인바랍니다.	

4 그래서 샵플링상품코드를 통해 상품 속으로 들어가니, 실제로 매핑된 카테고리가 없는 것을 확인할 수 있다. [검색설정]을 통해 카테고리를 설정하고 [저장]한다.

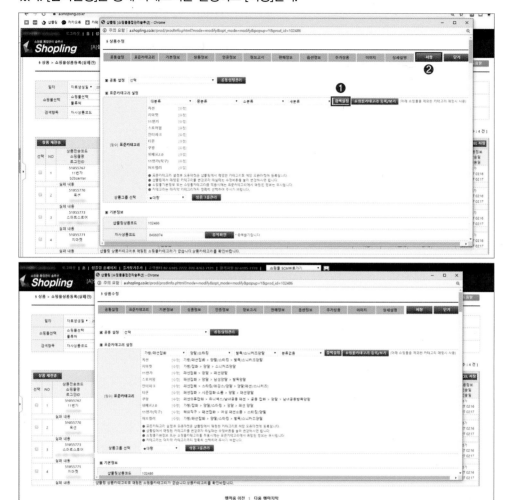

5 이 실패건 들은 모두 동일한 하나의 상품이기 때문에 각 쇼핑몰별로 하이퍼링크를 들어가서 수정을 해주지 않아도 된다. 이제 실패 건을 모두 선택하고 [상품 재전송] 버튼을 눌러 실패 건을 처리한다.

6 실패 건이 모두 상품등록에 성공한 것을 창에서 확인할 수 있다.

위 실패 건은 상품에 문제가 있어서 샵플링상품코드를 통해 바로 처리했지만, 쇼핑몰기본정보에 문제가 있을 경우에는 내용에 따라 판단 후 바꾸어주어야 한다. 쇼핑몰기본정보는 여러 상품들에 공통으로 들어가는 값이기 때문에 그 상품들에 동일하게 적용해도 문제가 없는 지 판단해야한다. 예를 들어 배송비 2,500원의 기본정보를 배송비 3,000원으로 바꾸면 앞으로 등록되는 상품들과 이전에 등록된 상품들이 모두 점차 3,000원으로 바뀌게 될 것이다.

무재고 셀러로서 샵플링을 사용한지 얼마 되지 않았다면 실패 건을 고치는 것보다 새로운 상품들을 계속 시도하는 방향도 좋다. 잘 되는 부분을 우선 공략하는 것이다. 반대로 실패 건을 해결할수록 타 셀러들도 해당 상품을 등록 실패하여 판매를 못하고 있을 확률이 높기 때문에 나의 쇼핑몰에서 판매가 될 가능성이 크다. 각각 장단점이 있기 때문에 고민하여 나만의 전략을 잘세워보자.

묶음배송 상품 등록하기

도매매의 업체들을 묶음배송으로 설정할 수는 없을까. 각 업체의 주소를 기입하고, 묶음배송비로 한번만 부과되도록 하는 방법에 대해 배울 수 있다. 오픈마켓, 소셜커머스 총 8개의 묶음배송 기본정보 세팅을 한다. 묶음배송을 통해 상품 등록을 하는 방법과 상품 그룹을 만들어 최적화 할 수 있는 방법을 소개한다.

1 _ 묶음배송을 꼭 해야 하는 이유

상품을 가지고 있지 않는 무재고 셀러라도 여러 공급사들의 각 출고/반품지를 설정하여 묶음배송 설정이 가능하다. 샵플링 속 기본정보(배송정보)는 한번 잘 만들면 바꿀 일이 거의 없다. 묶음배송이 되는 기본정보를 만들기 위해서는 새롭게 기본정보(배송정보)를 생성하는 것이다. 묶음배송은 공급사마다 기본정보를 만들어주어야 하며, 묶음배송 할 공급사가 많아질수록 기본정보(배송정보)도 많아지게 된다.

앞서 배운 상품별배송은 묶음배송보다 상품등록에 있어서 실패가 덜 발생한다. 반대로 묶음배송은 상품에 갖춰야할 조건들이 있어 등록의 실패 건이 나올 확률이 좀 더 높다. 그럼에도 불구하고 점차 묶음배송으로 상품을 등록해야하는 이유들이 있다.

구매 전환

묶음배송과 상품별배송의 큰 차이점은 소비자가 상품들을 장바구니에 넣었을 때 배송비가 어떻게 부과되는 지의 차이이다. 먼저 배운 상품별배송은 소비자가 여러 상품을 장바구니에 넣는다면 각 상품마다 배송비가 부과된다. 이럴 경우 소비자는 상품들이 마음에 들더라도 배송비를 더 내면서까지 구매를 할 것인지, 안 할 것인지 고민할 것이다. 소비자의 대부분은 배송비가 부담되어 더 사려고 했던 것을 빼거나 다른 구매처를 알아보러 갈 것이다.

묶음배송을 사용하게 된다면, 공급사가 동일한 묶음배송 상품일 경우 소비자는 한번만 배송비를 내면 된다. 그리고 우리도 매입 배송비를 한번만 지불하면 된다. 묶음배송을 통해서 소비자의 배송비가 절감되면 이탈율이 줄어들고 구매까지 이끌어 갈 수 있게 된다.

상품 노출

소비자가 셀러의 상품을 구매할 수 있는 것은 소비자가 검색했을 때 검색 결과에 잘 노출이 되었기 때문이다. 이러한 판매 상품의 노출은 쇼핑몰마다 조금씩은 다르지만 비슷하다. 소비자가 원하는 상품을 정확하게, 편하게 구매할 수 있도록 하는 것을 쇼핑몰은 원한다. 그렇다면 대표적으로 G마켓, 옥션과 11번가를 통해 어떻게 상품 노출에 효과를 주는 지 확인해보자.

G마켓, 옥션

• 상품1.0과 상품2.0

G마켓, 옥션에는 상품 등록 버전이 상품1.0과 상품2.0이 있었다. ESM PLUS 메인에 있는 [품질지수 평가 가이드]를 통해 보다 정확하게 확인할 수 있다.

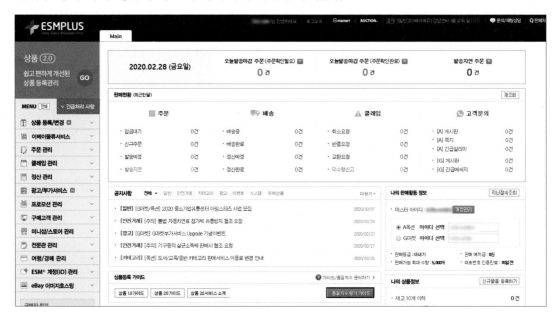

G마켓, 옥션에서는 상품2.0 또는 상품1.0으로 상품등록을 할지 결정할 수 있다. 상품2.0을 묶음배송, 상품1.0을 상품별배송으로 이해하면 편하다. 해당 가이드에서는 상품이 항목별 조건에 따라 점수가 어떻게 다른 지 알려주고 있다. 여기서 주목해야 될 점은 상품1.0은 항목마다 점수가 달라지며, 상품2.0은 만점을 주고 있다는 것이다. 상품 2.0으로 등록만 한다면 품질지수를 만점을 받을 수 있다는 의미이다. 이와 같이 묶음배송인 상품2.0으로 등록한 상품들은 상품1.0 보다 쉽게 노출될 수 있기 때문에 추천한다.

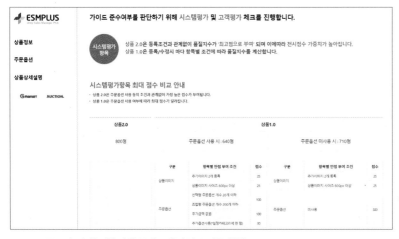

• 상품2.0 조건

'ESM PLUS 메인 〉 상품등록 가이드 〉 상품2.0 가이드'를 통해 상품2.0에 대한 자세한 내용을 확인할 수 있다. 상품2.0의 가장 큰 특징은 상품들을 묶는 그룹을 만들 수 있다는 것이다. 이 그룹을 만드는 조건이 곧 상품2.0의 조건으로 보면 이해가 쉽다.

'상품2.0 가이드 〉 그룹관리 〉 기본사항 〉 그룹핑 가능 조건'의 내용을 아래 가지고 왔다. 핵심적인 부분은 배송방법이 같고, 출하지가 같으며, 배송비 조건이 '묶음 배송비'일 때 배송비 템플릿이 같아야 하는 것이다. 이에 대한 조건을 알고 2.0 세팅 시 쇼핑몰과 샵플링에 설정해준다.

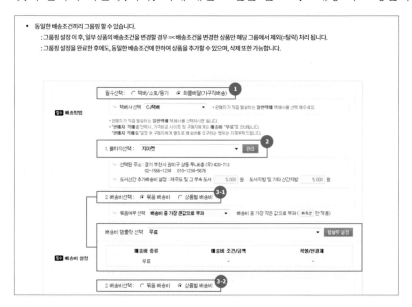

11번가

• 일반상품과 단일상품

11번가는 일반상품과 단일상품의 두 가지 중 선택하여 상품을 등록할 수 있다. 11번가 셀러 오피스 〉 상품관리 〉 단일상품등록에서 [단일상품이란?]을 통해 단일상품에 대해 확인해보자.

상품2.0과는 달리 11번가의 단일상품은 묶음배송의 유무는 아니다. 11번가의 기본정보는 상품 별배송의 일반상품, 상품별배송의 단일상품, 묶음배송의 일반상품, 묶음배송의 단일상품이 될 수 있다는 의미가 된다.

• 단일상품 조건

앞서 설명한 G마켓, 옥션의 상품2.0처럼 단일상품의 큰 특징은 상품들을 묶어 그룹을 만들 수 있다는 것이다. 11번가 셀러 오피스 〉 상품관리 〉 단일상품등록에서 [단일상품 등록가이드]를 통해, 이번에도 그룹 조건을 곧 단일상품의 조건으로 보면 이해가 쉽다.

단일상품끼리 그룹으로 묶을 수 있으며, 동일 대분류 카테고리이며, 배송방법과 출고지 주소가 같아야 한다. 상품별 배송이라도 나의 사업장주소(거주지)를 사용하기 때문에 동일 출고지 주소 가 되어 묶을 수 있게 되는 것이다.

반품/교환

쇼핑몰에서는 소비자를 위해서 자동 수거 서비스를 진행하는 곳들이 있다. '자동수거'란 쇼핑몰에서 반품(교환)을 신청하면 자동으로 소비자의 주소로 기사님이 방문하셔서 상품을 가져가시고, 구매한 상품에 등록된 반품(교환) 주소로 발송을 해주는 서비스이다. 무재고 셀러를 시작하고 제일 걱정하는 부분이 이 부분이다. 소비자의 상품이 나의 주소로 오면 어떻게 해야 되는 지에 대한 문제이다. 상품이 나의 주소로 오더라도 처리 가능하다. 더 자세한 처리 방법은 고객관리 부분에서 다루겠다.

아래 예시로 실제 반품 상품의 운송장 번호를 가지고 왔다. CJ대한통운 홈페이지에서 배송조회를 한 내역이다. 운송장번호의 바로 밑에 반품이라는 문구로 다시 새로운 운송장 번호가 적혀있는 것을 확인할 수 있다. 이것은 원송장(처음 배송을 했던 운송장 번호)에 연결된 반송장(반품지로 수거된 운송장 번호)을 의미한다. 샵플링에서 쇼핑몰로 등록 전송했을 때 사용한 기본정보가 상품별배송이라면 반송장이 붙은 주소지는 나의 주소가 될 확률이 높다. 그리고 상품은 나에게 배송이 될 확률도 높다. 묶음배송의 기본정보를 사용한 상품이라면 반품/교환지는 해당 공급사의 주소로 설정되어있기 때문에, 자동수거가 되더라도 공급사로 상품이 배송된다. 그래서 반품/교환 시 처리해야 될 업무가 줄고 집으로 상품이 오는 것에 대한 걱정을 덜 할 수 있다.

2 _ 묶음배송 기본정보 세팅 – 오픈마켓

묶음배송을 세팅하기 위해서는 샵플링의 기본정보를 새롭게 만들어 주어야한다. 상품별배송과 동일하게 쇼핑몰 판매자 사이트를 먼저 접속하여 정보를 입력해주고, 해당 정보를 샵플링이 통해 끌어오는 구조이다. 이제는 나의 사업장 주소가 아닌 공급사의 주소를 기입하고, 배송비 부과 방법이 달라지는 것이 핵심이다.

여기서 잠깐! **묶음배송 세팅 사전작업**

묶음배송을 설정할 공급사를 결정했다면 세팅 전에 확인해야 할 사항들이 있다.
첫 번째는 해당 공급사에게 도매매 상품들이 모두 묶음 배송되는 지 확인하는 것이다. 공급사가 취급하는 모든 물건이 100% 동일 출고지에서 발송되는 것이 아닐 수도 있다.
두 번째는 출고/반품지 주소를 물어보는 것이다. 도매매 사이트에서 해당 공급사의 사업장 주소를 확인할 수 있으나 실제 상품을 취급하는 곳은 해당 주소가 아닐 수 있다.

스마트스토어

1 묶음 배송 설정할 공급사가 결정됐다면, 샵플링에서 기본정보를 세팅하기 전에 해당 쇼핑몰 판매자 사이트를 접속한다. 스마트스토어센터 〉 상품관리 〉 배송정보 관리 〉 배송비 묶음그룹 관리에서 [+ 묶음그룹 추가] 버튼을 누른다. 이 부분은 상품2.0, 단일상품에서의 그룹과는 다르다. 소비자가 상품을 장바구니에 담았을 때 배송비가 한번 부과되게 설정하는 분류를 의미한다.

❷ '배송비묶음그룹' 창이 뜨고, 해당 공급사의 배송비 묶음그룹을 만들어 준다. '묶음그룹명'부터 '제주/도서산간 추가배송비'를 다음과 같이 설정 한 후, [저장]한다.

❸ 이제 해당 공급사의 주소를 만들어 줄 차례이다. 상품별배송 세팅과 동일한 메뉴에서 주소를 만들어주면 된다. 스마트스토어센터 〉 상품관리 〉 상품 등록 〉 배송 〉 판매자 주소록 을 클릭한다. '주소록' 창에서 [신규등록]을 눌러 해당 공급사의 주소를 기입한다. 이때 연락처는 해당 공급사의 연락처가 아닌 나의 연락처를 넣는 것이다. 나의 판매 채널에서는 내가 C/S 처리해야 되기 때문이다. 모두 설정했다면 [저장]한다.

4 이제 샵플링에서 스마트스토어 묶음배송 기본정보를 만든다. [A][15]쇼핑몰기본정보 〉 쇼핑몰기본정보 신규등록 〉 쇼핑몰선택에서 '스마트스토어'를 선택하고 [신규등록] 버튼을 누른다. 앞서 만든 상품별배송과 달리 묶음배송에서 차이가 있는 부분은 '관리정보 〉 제목'과 '배송정보 설정'이다. 이에 해당 부분만 아래에 표시했다.

▲ 페이지 확대보기

• 제목 : 해당 공급사 닉네임 또는 아이디로 기본정보 제목을 설정해두면 구분하기 좋다. 예시로 '지원유통'을 써주었다.

- [필수] 묶음배송 : '묶음배송가능'을 선택하고, [배송비 묶음그룹] 버튼을 눌러 스마트스토어센터에서 설정한 묶음 그룹을 [적용]한다.
- [필수] 상품별 배송비 : 해당 공급사가 사용하는 배송비를 확인 후에 동일하게 설정하면 된다. '유료', 기본배송비 '2500'원, 결제방식은 '선결제'로 설정했다.
- [필수] 출고지 : [판매자 주소록] 버튼을 눌러, 앞서 스마트스토어센터 '판매자주소록'에서 만든 해당 공급사 주소를 선택하고 [적용]한다.
- [필수] 반품/교환지 : [판매자 주소록] 버튼을 눌러, 앞서 스마트스토어센터 '판매자주소록'에서 만든 해당 공급사 주소를 선택하고 [적용]한다.

⑤ 모든 설정이 완료되면 맨 하단의 [저장] 버튼을 눌러 저장한다.

G마켓/옥션

① 해당 공급사의 '출하지'와 '템플릿'을 생성하기 위해 ESM PLUS에 접속한다. ESM PLUS 〉 상품등록/변경 〉 상품등록2.0 〉 노출정보 〉 배송정보 〉 배송비 설정 〉 1. 출하지선택 옆에 [관리] 버튼을 눌러 상품별배송처럼 동일한 과정으로 출하지를 만들어주면 된다. 차이점은 출하지 생성 뒤 연결된 '배송비 템플릿'을 만들어주는 것이다.

2 이제 생성한 출하지를 선택하고, 배송비 템플릿을 만들어주어야 한다. 1. 출하지선택 옆에서 바로 전에 만든 출하지를 선택할 수 있다. 이때 바로 안 나올 때가 있어 5분 정도 기다려주고 페이지를 새로고침 해주면, 출하지 선택지에 바로 전에 만든 출하지를 볼 수 있다.

해당 출하지를 선택하고, 2. 배송비선택에서 [템플릿 신규 등록] 버튼을 눌러 배송비 템플릿을 만든다.

3 '템플릿 신규 등록' 창이 뜨고, 해당 공급사의 배송비와 동일하게 설정하면 된다. 예시로 가지고 온 공급사는 유료, 2500원이였기 때문에 다음과 같이 설정해주고 [확인] 버튼을 누른다.

4 이제 샵플링에서 G마켓 묶음배송 기본정보를 만든다. [A][15]쇼핑몰기본정보 〉 쇼핑몰기본정보 신규등록 〉 쇼핑몰선택 에서 '지마켓', '옥션'을 선택하고 [신규등록] 버튼을 누른다.

앞서 만든 상품별배송과 달리 묶음배송에서 차이가 있는 부분은 '관리정보 〉 제목'과 '배송정보 설정'이다. 이에 해당 부분만 아래에 표시했다. 또한 G마켓과 옥션은 기본정보 형식이 동일하여 함께 설명했다.

▲ 페이지 확대보기

- 제목 : 해당 공급사 닉네임 또는 아이디로 기본정보 제목을 설정해두면 구분하기 좋다. 예시로 '지원
유통'을 써주었다.
- 버전선택 : 묶음배송 기본정보를 만들기 위해서 버전선택 '2'를 선택한다. 버전선택 2로 바꾸게 되면
아래 배송정보 설정 부분 메뉴가 달라진다.

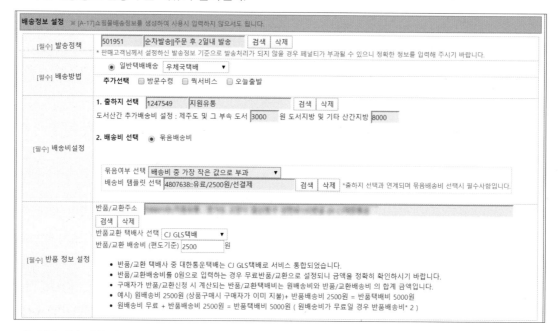

- [필수] 배송비설정
- 1. 출하지 선택 : [검색] 버튼을 통해 출하지를 선택할 수 있다. ESM PLUS에서 설정한 해당 공급사
주소를 [선택]한다.
- 2. 배송비 선택 : 버전2로 인해 '묶음배송비'가 기본 값으로 되어있다. 배송비 템플릿 선택의 [검색]
버튼을 눌러 ESM PLUS 에서 설정한 템플릿을 [선택]한다.
- [필수] 반품 정보 설정 : [검색] 버튼을 통해 반품/교환주소를 선택할 수 있다. ESM PLUS에서 설정한
해당 공급사 주소를 [선택]한다.
반품교환 택배사 선택는 임의의 택배사를 선택해두면 된다.
반품/교환 배송비 (편도기준)에 해당 공급사의 반품비 '2500'원을 입력했다.

5 모든 설정이 완료되면 맨 하단의 [저장] 버튼을 눌러 저장한다.

11번가

1 우선 해당 공급사의 출고지, 반품/교환지 주소를 설정하자. 11번가 셀러오피스 〉 상품관리 〉 상품등록 〉 배송정보 입력에서 출고지 주소와 반품/교환지 주소 항목을 확인할 수 있다. 상품별배송 세팅 과정과 동일하게 '출고지 주소' 옆 [주소변경], '반품/교환지 주소' 옆 [주소변경]을 통해 공급사의 주소를 생성한다.

2 이제 샵플링에서 11번가 묶음배송 기본정보를 만든다. [A][15]쇼핑몰기본정보 〉 쇼핑몰기본정보 신규등록 〉 쇼핑몰선택에서 '11번가'을 선택하고 [신규등록] 버튼을 누른다.

앞서 만든 상품별배송과 달리 묶음배송에서 차이가 있는 부분은 '관리정보 〉 제목'과 '배송정보 설정'이다. 이에 해당 부분만 아래에 표시했다.

▲ 페이지 확대보기

11번가 쇼핑몰기본정보 [신규]

쇼핑몰 계정정보

[필수] 계정선택	▼

기본정보 [필수] **유료서비스** [선택] **문구추가** [선택]

관리 정보 [44048]

[필수] 사용여부	● 사용함 ○ 사용안함
[필수] 제 목	지원유통_단일
[필수] 지원옵션	● [선택형, 조합형2단까지] 지원
[필수] 상품유형	○ 일반상품 ● 단일상품

- [필수] 제목 : 해당 공급사 닉네임 또는 아이디로 기본정보 제목을 설정해두면 구분하기 좋다. 예시로 '지원유통_단일'을 써주었다.
- [필수] 상품유형 : 앞서 설명한 내용대로 11번가 단일상품과 묶음배송은 동일한 개념이 아니다. 그렇기 때문에 특정 공급사의 묶음배송 기본정보를 만들 때 단일상품도 만들 수 있고, 일반상품도 만들 수 있다. 아래 예시로는 '단일상품'을 선택해보았다.

배송정보 설정 ※ [A-17]쇼핑몰배송정보를 생성하여 사용시 입력하지 않으셔도 됩니다.

[필수] 배송가능지역	전국 ▼
[필수] 배송방법	택배 ▼ ☐ 방문수령 추가
발송예정일	검색 삭제 - 반드시 준수할 수 있는 발송예정일을 선택해주세요. 미 준수 시 페널티가 부과될 수 있습니다. - 발송예정일 관리는 상품관리 > 상품정보 템플릿 관리 > 발송예정일 템플릿에서 가능합니다.
[필수] 발송 택배사	CJ대한통운 ▼
[필수] 발송방법	○ 오늘발송 ◉ 일반발송 ○ 재고확인 후 순차발송(소량재고/제작상품) 발송마감 기준: 625168||오늘발송||오늘 주문완료 검색 삭제 * 계정을 선택하셔야 합니다. * 발송 마감시간 등록 및 수정은 11번가 관리자의 상품관리>상품정보 템플릿 관리 메뉴에서 가능합니다.
[필수] 출고지주소	▨▨▨▨▨ 검색 삭제 * 계정을 선택하셔야 합니다.
[필수] 반품/교환지주소	▨▨▨▨▨ 검색 삭제 * 계정을 선택하셔야 합니다.

[필수] 배송비설정	부담	배송비종류	배송비	기준(구매금액;판매가+옵션가+추가구성상품금액)	묶음배송	결제방법
	판매자	○ 무료	0 원	수량/주문금액에 상관없이 무조건 무료	가능 ▼	
		○ 판매자 조건부 배송비	판매자 조건부 배송비 설정된 금액		가능	
		○ 출고지 조건부 배송비	출고지 조건부 배송비 설정된 금액		가능	
		○ 상품 조건부 무료	___ 원	이 상품 ___ 원 이상 구매 시 무료	불가	
	구매자	○ 수량별 차등	___ 원 ___ 원 ___ 원 ___ 원 ___ 원 ___ 원 ___ 원 ___ 원 ___ 원	1 개 ~ ___ 개 ___ 개 ~ ___ 개 ___ 개 ~ ___ 개 ___ 개 ___ 개 ~ ___ 개 ___ 개 ___ 개 ~ ___ 개 ___ 개 ___ 개 ~ ___ 개 ___ 개 ___ 개 ~ ___ 개 ___ 개 * ~ 개 이상일때는 빈칸으로 두시면 자동입력 됩니다.	가능 ▼	선불 ▼
		○ 1개당 배송비	___ 원	수량 1개마다 배송비 추가	불가	
		◉ 고정 배송비	2500 원	수량/주문금액과 상관없이 고정 배송비	가능 ▼	
			배송비 추가 안내 해당없음 ▼	(선결제 불가시 설정 가능)		

☑ 제주/도서산간 추가배송비 설정

제주	3000 원
도서산간	8000 원

[필수] 반품/교환 배송비	반품 배송비	편도 2500 원	▶ 초기배송비 무료시 부과방법 ◉ 왕복(편도x2) ○ 편도
	교환 배송비	왕복 5000 원	

[필수] A/S 안내	▨▨▨-▨▨
[필수] 반품/교환 안내	▨▨▨-▨▨

- [필수] 출고지주소 : [검색] 버튼을 통해 출고지를 선택할 수 있다. 11번가 셀러오피스에서 설정한 해당 공급사 주소를 [선택]한다.
- [필수] 반품/교환지주소 : [검색] 버튼을 통해 반품/교환지를 선택할 수 있다. 11번가 셀러오피스에서 설정한 해당 공급사 주소를 [선택]한다.

- [필수] 배송비설정 : 이 부분이 묶음배송 기본정보의 핵심 부분이다. 해당 공급사의 배송비와 동일하게 설정하면 된다. 이 중에서 '고정 배송비'를 선택하고, 옆에 '2500'원을 기입하고, 묶음배송에 대한 영역에 '가능'을 선택, 결제방법은 '선불'을 추천한다. 하단에 '제주/도서산간 추가배송비 설정'을 체크하고, 제주 '3000'또는 '3500'원, 도서산간 '8000'원을 기입한다.
- [필수] 반품/교환 배송비 : 반품/교환 배송비도 해당 공급사의 배송비와 동일하게 설정하면 된다. 반품배송비 '2500'원, 교환 배송비 '5000'원을 입력한다. 옆에 ▶ 초기배송비 무료시 부과방법 부분은 현재 무료배송이 아니기 때문에 어떤 값을 선택해도 상관없다.

❸ 모든 설정이 완료되면 맨 하단의 [저장] 버튼을 눌러 저장한다.

인터파크

❶ 먼저 인터파크 판매자매니저에서 해당 공급사의 주소, 묶음배송비를 만들어준다. 상품관리 〉 상품등록 〉 배송정보 〉 반품배송지 주소에서 [반품배송지 주소록]을 누른다. 상품별배송 세팅 과정과 동일하게 주소를 생성한다.

그 다음 배송정보 〉 배송비설정 〉 묶음배송비 적용 옆에 [변경하기] 버튼을 누른다.

❷ 이제 묶음배송비를 만들 수 있는 창이 뜬다. 창 속 [묶음배송비 등록하기] 버튼을 누른다. 그럼 창이 바뀌고, 해당 공급사의 배송비와 동일하게 설정하고 [등록하기]한다.

그러면 다시 이전 창으로 되돌아가는데 새롭게 생성된 묶음배송비 번호를 잘 메모해두어야 된다. 샵플링에서는 묶음배송비 번호를 통해서만 어떤 공급사의 묶음배송비인지 구분할 수 있기 때문이다.

❸ 이제 샵플링에서 인터파크 묶음배송 기본정보를 만든다. [A][15]쇼핑몰기본정보 〉 쇼핑몰기본정보 신규등록 〉 쇼핑몰선택에서 '인터파크(OM)'을 선택하고 [신규등록] 버튼을 누른다.
앞서 만든 상품별배송과 달리 묶음배송에서 차이가 있는 부분은 '관리정보 〉 제목'과 '배송정보 설정'이다. 이에 해당 부분만 아래에 표시했다.

▲ 페이지 확대보기

인터파크 쇼핑몰기본정보 [신규]		
쇼핑몰 계정정보		
[필수] 계정선택	▼	

기본정보 [필수]	유료서비스 [선택]	문구추가 [선택]
관리 정보 [44789]		
[필수] 사용여부	◉ 사용함 ◯ 사용안함	
[필수] 제　　목	지원유통	
[필수] 지원옵션	◉ [선택형, 조합형2단까지] 지원	

• [필수] 제목 : 해당 공급사 닉네임 또는 아이디로 기본정보 제목을 설정해두면 구분하기 좋다. 예시로 '지원유통'을 써주었다.

배송정보 설정 ※ [A-17]쇼핑몰배송정보를 생성하여 사용시 입력하지 않으셔도 됩니다.

| [필수] 배송방법 | ⦿ 택배 ○ 우편(소포/등기) ○ 화물배달(가구직배송) ○ 배송필요없음 |

⦿ 묶음배송비 적용 [변경]

배송비코드	배송비종류	배송비	조건
460951	판매자 정액	2500	주문수량/주문금액 관계없이 고정 배송비

○ 이 상품만 별도 배송비 적용

배송비종류	배송비	조건	결제방법
⦿ 무료	0 원	무료배송(○ 일부지역 유료)	-
○ 정액	원	주문수량 / 주문금액 관계없이 고정 배송비	
○ 수량 조건부 무료	원	해당 상품을 ☐ 개 이상 구매시 무료	
○ 1개당 배송비	원	배송비 = 주문수량 x 1개당 배송비 (☐ 단, 해당 상품을 ☐ 개 이상 구매시 무료)	선불 ▼
○ n개당 배송비	주문수량 ☐ 개 마다 배송비 ☐ 원 반복부과 예시) 주문수량 2개마다 배송비 2500원 반복부과일 경우 1개~2개 배송비 2500원 3개~4개 배송비 5000원 5개~6개 배송비 7500원		

제주 및 도서산간 추가배송비 설정 (제주, 도서산간 둘다입력)

제주	3500 원	도서산간	8000 원

• 판매자 기본 배송비 적용 상품을 여러 개 주문 시 상품별 제주 및 도서산간 추가배송비가 다른 경우 최소금액으로 1회만 부과됩니다.
 단, 상품별 배송비를 따르는 경우 상품당 제주 및 도서산간 추가배송비를 부과합니다.
• 1개당 배송비는 1개당 추가배송비 부과됩니다.
• 수량 조건부 무료와 1개당 배송비의 무료조건 만족시에도 추가배송비는 부과됩니다.

배송비 특이사항 : [   ] 0/80 Byte
• 배송비 관련 특이사항이 있는 경우 기술하며, 상품최종 배송비 아래 노출됩니다.

[필수] 반품배송지 주소	[반품배송지 주소록 검색]
	휴대전화	일반전화
	주소

○ 판매자 기본 반품/교환 배송비 적용
반품/교환 배송비(편도기준) [2500] 원

⦿ 이 상품만 별도 배송비 적용
반품/교환 배송비(편도기준) [2500] 원

• 반품/교환 배송비는 구매자가 반품/교환 접수시 무료반품교환쿠폰 사용기준이 되며, 정보를 변경하시면 판매자 기본 반품/교환 배송비로 설정되어 있는 상품에 동일하게 적용됩니다. 상품별 배송비는 상품등록/수정 화면에서 관리하실 수 있습니다.
• 반품/교환(편도기준) 배송비가 2500원 이하인 경우에만 반품/교환 접수시 무료반품교환쿠폰 사용이 가능합니다.

• [필수] 배송비설정 : 이 부분이 묶음배송 기본정보의 핵심 부분이다.

묶음배송이라면 '묶음배송비 적용'을 선택하고, 옆에 [변경] 버튼을 눌러 앞서 인터파크 판매자매니저에서 만든 묶음배송비를 [선택]한다. 이때 묶음배송비 코드를 잘 확인하고 선택한다.

• [필수] 반품배송지 주소 : [반품배송지 주소록 검색] 버튼을 통해 반품 배송지를 선택할 수 있다. 인터파크 판매자매니저에서 설정한 해당 공급사의 주소를 선택하고 [적용]한다.

• [필수] 반품/교환 배송비 : 해당 공급사의 반품/교환 배송비와 동일하게 설정하면 된다. '판매자 기본 반품/교환 배송비 적용'을 사용하거나, '이 상품만 별도 배송비 적용'을 선택하여 직접 금액을 기입할 수 있다.

4 모든 설정이 완료되면 맨 하단의 [저장] 버튼을 눌러 저장한다.

3 _ 묶음배송 기본정보 세팅 – 소셜커머스

앞서 오픈마켓 쇼핑몰별 묶음배송 기본정보를 설정했다면 이제 소셜커머스의 묶음배송 기본정보를 설정해보자. 이전과 동일하게 쇼핑몰 관리자 사이트에서 직접 주소지 등의 정보를 입력하고 샵플링에서 적용하는 구조이다.

티몬

1 묶음배송 정보가 담긴 '배송템플릿'을 만들기 위해 티몬 파트너센터에 접속한다. 주문관리 〉 배송템플릿관리 로 이동하여 [배송템플릿 생성] 버튼을 눌러 배송템플릿을 생성할 수 있는 페이지로 이동한다.
상품별배송과 달리 묶음배송 배송템플릿에서는 묶음배송여부에서 '묶음배송 적용'을 선택한다. 배송템플릿명도 해당 공급사와 관련된 이름으로 설정하며, 배송지주소, 반품/교환 주소도 해당 공급사 주소로 설정해주면 된다. 이외의 다른 부분은 모두 상품별배송과 동일하다.

2 이제 샵플링에서 티몬 묶음배송 기본정보를 만든다. [A][15]쇼핑몰기본정보 〉 쇼핑몰기본정보 신규등록 〉 쇼핑몰선택에서 '티몬'을 선택하고 [신규등록] 버튼을 누른다.
앞서 만든 상품별배송과 달리 묶음배송에서 차이가 있는 부분은 '관리정보 〉 제목'과 '배송정보 설정'이다. 이에 해당 부분만 아래에 표시했다.

▲ 페이지 확대보기

• [필수] 제목 : 해당 공급사 닉네임 또는 아이디로 기본정보 제목을 설정해두면 구분하기 좋다. 예시로 '지원유통'을 써주었다.

• [필수] 배송템플릿 : [검색]을 통해 앞서 티몬 파트너센터에서 만든 해당 공급사의 배송템플릿을 적용할 수 있다.

❹ 모든 설정이 완료되면 맨 하단의 [저장] 버튼을 눌러 저장한다.

위메프

❶ 묶음배송 정보가 담긴 '배송정보'를 만들기 위해 위메프 파트너2.0에 접속한다. 상품관리 〉 상품등록 〉 배송정보 〉 배송정보관리 부분을 볼 수 있다. [배송정보관리] 버튼을 눌러 배송정보를 생성할 수 있는 창을 연다. 상품별배송과 달리 묶음 배송정보에서는 배송 유형을 '묶음배송(판매자별)'을 선택한다. 배송 정보명도 해당 공급사와 관련된 이름으로 설정하며, 출고지, 회수지 주소도 해당 공급사 주소로 설정해주면 된다. 이외의 다른 부분은 모두 상품별배송과 동일하다.

② 이제 샵플링에서 위메프 묶음배송 기본정보를 만든다. [A][15]쇼핑몰기본정보 〉 쇼핑몰 기본정보 신규등록 〉 쇼핑몰선택에서 '위메프 2.0'을 선택하고 [신규등록] 버튼을 누른다. 앞서 만든 상품별배송과 달리 묶음배송에서 차이가 있는 부분은 '관리정보 〉 제목'과 '배송 정보 설정'이다. 이에 해당 부분만 아래에 표시했다.

▲ 페이지 확대보기

• [필수] 제목 : 해당 공급사 닉네임 또는 아이디로 기본정보 제목을 설정해두면 구분하기 좋다. 예시로 '지원유통'을 써주었다.

| [필수] 배송정보 | 636857::지원유통 2500::파트너 자체 배송::일반-택배배송::묶음배송(판매자별)::유료 | 검색 | 삭제 |

배송정보 설정 ※ [A-17]쇼핑몰배송정보를 생성하여 사용시 입력하지 않으셔도 됩니다.

• [필수] 배송정보 : [검색]을 통해 앞서 위메프 파트너2.0에서 만든 해당 공급사의 배송정보를 적용할 수 있다.

③ 모든 설정이 완료되면 맨 하단의 [저장] 버튼을 눌러 저장한다.

쿠팡

1 묶음배송할 공급사의 출고지, 반품지 주소를 설정하기 위해 쿠팡 wing에 접속한다. 상품관리 〉 출고지/반품지 관리로 이동하여 [+ 출고지/반품지 추가] 버튼을 통해 주소를 생성할 수 있다.

출고지, 반품지 주소를 해당 공급사 주소로 각각 생성해준다. 이외의 다른 부분은 모두 상품별배송과 동일하다. 모두 설정되면 다음과 같이 확인할 수 있다.

2 이제 샵플링에서 쿠팡 묶음배송 기본정보를 만든다. [A][15]쇼핑몰기본정보 〉 쇼핑몰기본정보 신규등록 〉 쇼핑몰선택 에서 '쿠팡'을 선택하고 [신규등록] 버튼을 누른다.

▲ 페이지 확대보기

• [필수] 제목 : 해당 공급사 닉네임 또는 아이디로 기본정보 제목을 설정해두면 구분하기 좋다. 예시로 '지원유통'을 써주었다.

[필수] 배송방법	일반배송 ▼
[필수] 개인통관부호 필수 여부	● 비필수 ○ 필수 ※ 배송방법이 [구매대행] 일 경우 입력 바랍니다.
[필수] 묶음배송	묶음배송 여부 묶음배송 ▼ 묶음배송 개수 [ ]
[필수] 도서산간 배송여부	● 가능 ○ 불가
[필수] 출고소요기간	[2] 일
[필수] 출고지	[ ] 검색 삭제 ※ 출고지를 선택하시면 택배사, 도서산간 추가배송비가 입력됩니다.
[필수] 택배사	CJ대한통운 ▼
[필수] 배송비 종류	유료배송 ▼ ※ 무료배송 / 9800원 이상, 19800원 이상, 30000원 이상 무료배송 / 유료배송만 선택할 수 있습니다. (일부 카테고리 및 해외구매대행상품 제외)
[필수] 배송비	기본배송비 [2500] 조건부무료 [2500] 초도반품배송비(편도) [2500] 반품배송비(편도) [2500] 도서산간 추가배송비 - 제주지역 [3500] 도서산간 추가배송비 - 제주외지역 [8000] ● 무료배송 설정 시 　초도반품배송비(편도)와, 반품배송비(편도)금액 설정 ● 유료배송 설정 시 　기본배송비와 반품배송비(편도) 금액 설정 ● 조건부 무료배송 설정 시 　기본배송비와 반품배송비(편도) 금액 설정 * ',' 를 제외한 숫자만 입력하여 주십시오.
[필수] 반품지	반품지 [ ] 검색 삭제 판매자명 [ ] 판매자전화 [ ] 우편번호 [ ] 주소 [ ] 상세주소 [ ]
[필수] 교환방법	○ 선교환 ● 후교환 ○ 맞교환 ○ 후교환(업체직송) ○ 교환불가
[필수] 착불여부	● 선불 ○ 착불
[필수] A/S 안내	※ 직접 입력 ▼ [ ]
[필수] A/S 전화번호	[ ] ※ 최대길이는 20자 입니다.

- [필수] 묶음배송 : 묶음배송이 결정되는 핵심 부분이다. 묶음배송 여부에서 '묶음배송'을 선택한다. 하단의 '묶음배송 개수'는 빈칸으로 둔다.
- [필수] 출고지 : [검색] 버튼을 눌러 앞서 쿠팡 wing에서 생성한 해당 공급사의 출고지를 [선택]한다.
- [필수] 배송비 : 해당 공급사의 기본배송비, 반품 배송비와 동일하게 설정하면 된다.
- [필수] 반품지 : [검색] 버튼을 눌러 앞서 쿠팡 wing에서 생성한 해당 공급사의 반품지를 [선택]하면 자동으로 빈칸이 해당 내용으로 채워진다.

❸ 모든 설정이 완료되면 맨 하단의 [저장] 버튼을 눌러 저장한다.

4 _ 묶음배송 상품 등록하기

이제 묶음배송 상품 등록에 필요한 '기본정보'를 만들어보았다. 샵플링에서 상품을 등록할 때 '상품+기본정보+(배송정보)'의 구조가 되어야 된다는 것을 알고 있다. 이제 해당 '공급사 상품' 과 함께 해당 '공급사 묶음배송 기본정보'를 함께 선택하여 등록을 전송해보자.

1 [A][18]쇼핑몰상품등록에서 묶음배송으로 상품등록할 상품을 [검색] 한다. 예시로 해당 공급사의 상품번 호를 선별하여 가지고 왔다.

2 검색한 상품을 모두 선택하여, [쇼핑몰 상품등록하기]를 누른다. 등록 전송을 위한 새로운 창이 뜨고, 이 전 상품별배송 상품등록과 동일한 과정을 거치면 다음과 같이 나타난다.

기본정보가 많아서 혼동된다면 ' **Ctrl** + **f** ' 키를 눌러 해당 공급사를 검색하여 기본정보를 쉽게 찾을 수 있다. 해당 공급사의 묶음배송 기본정보를 모두 선택했다면 [상품등록송신] 버튼을 눌러 등록을 송신해준다.

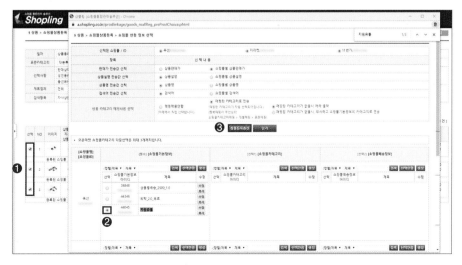

3 등록 송신이 완료되면 이와 같이 등록에 대한 성공여부를 확인할 수 있게 된다. 상품별배송의 등록과 차이점은, 묶음배송 기본정보라는 것을 알 수 있게 된다.

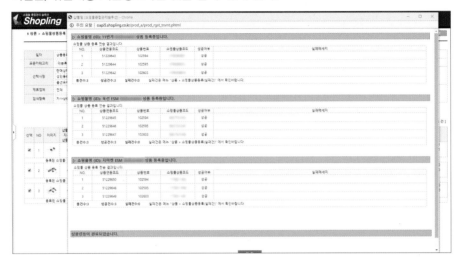

5 _ 상품 그룹 만들어 최적화하기

지금까지 묶음배송 기본정보를 통해 상품을 등록했다면, 등록한 상품을 비슷한 상품끼리 그룹을 만들어 줄 수 있다. 그룹을 만들어주는 과정까지 이루어진다면 소비자에게 나의 상품을 노출시킬 수 있는 확률이 더욱더 높아지게 된다.

묶음배송과 상품그룹은 다른 개념이다. 앞서 상품2.0과 단일상품에 대한 내용을 다루며 그룹을 만들어 줄 수 있는 조건에 대해 설명했다. 묶음 배송의 상품그룹을 만들 때는 해당 판매자 사이트에서 만들 수 있다. 그룹을 만들 수 있는 'G마켓/옥션의 상품2.0'과 '11번가의 단일상품'의 그룹을 함께 만들어보자.

G마켓/옥션

1 ESM PLUS 〉 상품 등록/변경 〉 상품관리2.0에서 그룹을 만들 상품들의 기준이 될 상품을 선택하여 [그룹생성]을 누른다.

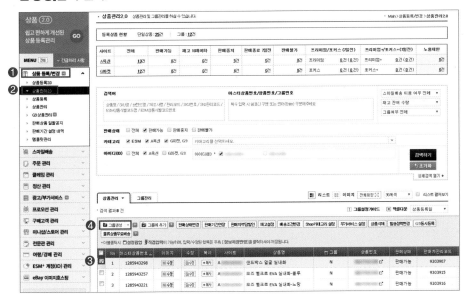

해당 상품의 사이트를 눌러 그룹을 만드는 페이지로 이동한다. G마켓, 옥션 동일한 방법으로 그룹을 만들 수 있다.

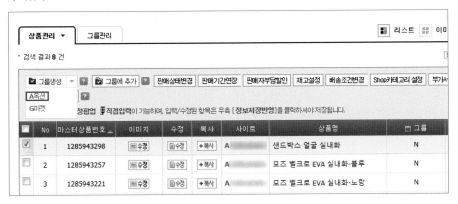

2 '그룹생성' 페이지로 이동했다. 다음과 같이 바로 전에 선택한 상품이 기준 상품으로 '그룹 내 상품'에 담겨있는 것을 확인할 수 있다.

'이 그룹에 추가 가능한 상품' 목록에 나온 상품들은 기준 상품과 함께 그룹을 만들 수 있는 상품이 자동으로 검색되어 나온 것이다. 이는 우리가 이전에 샵플링에서 묶음배송 기본정보를 통해 상품등록 해준 상품들이라는 것을 알 수 있다.

이 그룹에 추가 가능한 상품을 원하는 대로 선택하여 [그룹에 추가하기] 버튼을 통해 그룹에 상품을 추가
할 수 있다.

그룹조건에서 '그룹명'에 해당
그룹의 이름을 설정할 수 있다.
'노출형태'는 리스트형 또는 이
미지형을 선택할 수 있고, 해당
그룹의 인트로 이미지를 따로
등록할 수도 있다.
설정이 완료되었다면 하단의 [등
록하기] 버튼을 통해 상품그룹
을 등록한다.

이와 같이 창이 바뀌며, 그룹 등록이 완료됐다는 메시지를 볼 수 있다.

❸ 상품관리2.0에서 해당 상품들이 그룹으로 묶인 것을 확인할 수 있다.

해당 상품이 소비자에게 어떻게 보이는지 알고 싶다면, 상품번호를 통해 페이지를 이동하여 볼 수 있다.

4 소비자가 보게 될 메인 정보 부분과 상세페이지의 하단 부분에서 상품들이 그룹으로 함께 노출되고 있는 것을 확인할 수 있다.

11번가

1 11번가 셀러오피스 〉 상품관리 〉 상품그룹 관리 〉 상품그룹 등록을 통해 상품그룹을 만들 수 있다. G마켓/옥션과 비슷한 방법으로 그룹을 만들 수 있다. 해당 페이지의 [기준상품 선택] 버튼을 통해 우선 기준 상품을 선택하자.

2 '기준 상품 선택'창이 뜨고, 기준으로 만들 상품을 선택한 뒤, [기준 상품 선택] 버튼을 누른다.

3 이제 '기준 상품'부분에서 해당 상품이 선택된 것을 확인할 수 있다. G마켓/옥션과 동일하게 [상품 추가] 버튼을 눌러 그룹에 추가로 담을 상품을 선택한다.

4 '상품그룹 구성상품 추가' 창이 뜨고, 추가할 상품을 선택하여 [상품추가] 버튼을 누른다.

5 '상품그룹 구성 상품'에 선택한 상품들이 모두 모인 것을 확인할 수 있다.

'상품그룹명'에 해당 그룹의 제목 만들어준다. 이때 '상품그룹명 노출'을 체크하여 소비자가 볼 수 있는 상품그룹명으로 만들 수도 있다. '전시기간'은 해당 그룹이 특정기간 동안 그룹으로 노출되는 것을 원할 경우 사용한다. '상품 노출 타입'은 리스트형 또는 갤러리형으로 선택할 수 있다. '상품그룹 안내 이미지'는 상품그룹의 메인 이미지를 따로 설정할 수 있는 부분이다.

설정이 완료되었다면 하단의 [상품그룹 생성완료] 버튼을 통해 상품그룹을 등록한다.

버튼을 누른 다음, 다음과 같이 등록이 된 메시지를 확인할 수 있다. [등록한 상품그룹 확인하기]를 누르면
상품그룹을 통해 소비자에게 어떻게 노출되고 있는지 바로 페이지를 이동하여 확인할 수 있다.

❻ 소비자가 보게 될 메인 정보 부분과 상세페이지의 하단 부분에서 상품들이 그룹으로 함께 노출되고 있
는 것을 확인할 수 있다.

Chapter 03

등록한 상품
관리 방법

01

상품을 수정할 때

샵플링을 통해 상품을 등록할 때 당연히 도매매 상품을 수정해서 등록할 수 있다. 카테고리, 상품명, 상세페이지 등 수정 항목들을 알고, 샵플링 속에서 상품을 수정하기 위해 개별로 하나씩 수정하는 방법과 엑셀로 대량 수정하는 방법을 배울 수 있다.

1 _ 상품 수정 방법

지금까지 배운 내용을 토대로 열심히 상품등록을 하고 있다면 상품을 그대로 올리기에는 뭔가 아쉬운 부분이 있을 수 있다. 도매매 상품을 그대로 올리지 않고 샵플링 속에서 수정하여 좀 더 차별화된 상품을 만들 수 있다. 상품의 카테고리를 정확하게 설정하고, 상품명에 도움이 될 키 워드를 입력하고, 상세페이지의 이미지를 교체하는 등 샵플링을 통해 상품수정이 가능하다. 쇼 핑몰에 상품이 등록되기 전에는 상품의 모든 부분을 수정할 수 있다. 쇼핑몰에 상품이 등록된 후라면 등록했던 상품에 수정된 값을 전송 할 수 있다. 하지만 이 경우에 쇼핑몰마다, 해당 상품의 기본정보마다 상품 수정이 제한되는 부분도 있다. 샵플링에서 상품을 수정할 때 상품 하나씩 개별로 수정을 할 수도 있고, 여러 개의 상품을 한꺼번에 할 수도 있다. 이 각각을 '개별 수정'과 '대량 수정'으로 분류해보았다.

개별 수정

아래 세 곳은 모두 하나의 상품DB에 대해 동일한 페이지를 볼 수 있는 메뉴이다. 어디서 수정 해도 동일하게 적용된다는 의미이다.

[A][4]상품조회수정 〉 상품관리 부분의 각 상품 '수정' 버튼

[A][4]에서 해당하는 상품관리의 [수정] 버튼을 통해 상품 속으로 들어 갈 수 있다.

[수정] 버튼을 통해 새로운 창이 떠서 나온 페이지이다. 상품의 카테고리는 무엇인지, 상품명은 어 떤 건지, 이미지는 어떻게 되는 지 등 상품 정보를 확인 및 수정할 수 있다. 다음 두 곳에서도 동일 한 페이지가 나온다. 원하는 부분을 수정했다면 반드시 [저장] 버튼을 눌러서 저장해주어야 된다.

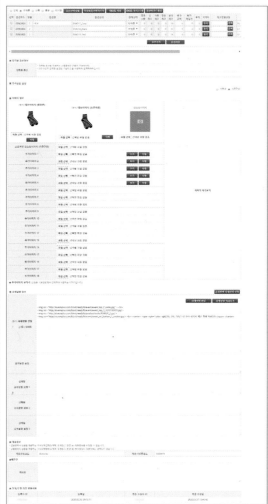

[A][18]쇼핑몰상품등록 〉 해당 상품의 '샵플링상품코드'

[A][18]에서도 첫번째와 동일하게 해당 샵플링상품코드 하이퍼링크를 통해 상품 속으로 들어가 서 수정을 할 수 있다. 이 부분은 쇼핑몰에 상품등록을 전송하기 직전에 수정하기 편리하니 활 용하면 좋다.

[A][21]쇼핑몰상품수정 〉 해당 상품의 '샵플링상품코드'

첫번째, 두번째와 달리 세번째는 '쇼핑몰에 상품등록이 되어있는 상태에서'의 수정을 의미한다.
[A][21]쇼핑몰상품수정에 있는 상품은 쇼핑몰에 상품이 등록되어 있기 때문에 이곳에서 볼 수
있는 것이다.

동일한 상품이 여러 쇼핑몰에 전송이 되어 있다는 걸 목록에서 확인할 수 있다. 위 설명처럼 세
곳은 모두 동일한 페이지를 보이게 하는 것과 같은 원리로, 쇼핑몰이 각각 다르지만 동일한 상
품이기 때문에, 아무 쇼핑몰의 샵플링상품코드 하이퍼링크를 통해 수정해도 당연히 모든 쇼핑
몰에 동일하게 적용시킬 준비를 할 수 있다.

[A][21]에서 샵플링상품코드를 통해 수정을 한다고 해도 쇼핑몰에 자동으로 전송되는 것은 아니다. 무조건 수정된 값을 전송을 해주어야 쇼핑몰에서도 수정된다. 바꾸려고 하는 쇼핑몰을 선택한 뒤 [상품 수정전송] 버튼을 누르고, 바꾸려는 항목을 선택하고 [상품수정 송신]을 누르면 나의 쇼핑몰에 적용이 된다. 다음은 예시로 상세설명을 수정으로 선택했다.

대량 수정

대량으로 수정하는 방법은 엑셀을 이용하는 것이다. 샵플링은 엑셀과 아주 밀접한 관계를 가지고 있다. 샵플링에 있는 데이터들은 엑셀로 저장을 해서 활용이 가능하다. 대량 수정의 원리는 수정하려는 상품들을 엑셀로 다운로드 받고, 엑셀 속에서 수정 한 뒤, 수정한 엑셀을 다시 업로드 해서 수정하는 것이다.

■ [A][5]상품대량수정에서 수정하려는 상품을 검색한다. 수정하려는 상품을 모두 체크 한 뒤, [EXCEL 저장]을 눌러 엑셀파일을 다운로드 받는다.

2 다운로드 받은 엑셀에서 수정하고 싶은 부분을 바꾸면 된다. 하나의 행이 하나의 상품을 의미한다. 샵플링상품코드를 통해 상품 속으로 들어갔던 페이지를 엑셀화 했다고 생각하면 이해가 쉽다. 수정을 마쳤다면 엑셀을 저장한다.

3 엑셀을 다운로드 받았던 [A][5]상품대량수정 샵플링 페이지로 이동한다. [EXCEL 저장] 바로 옆에 있는 [EXCEL 일괄수정] 버튼을 누르면 수정한 항목을 선택할 수 있으며, 엑셀파일을 업로드 할 수 있는 창이 뜬다.

4 예시로 상품명을 체크했다. 하단의 [파일 선택]을 버튼 통해 수정한 파일을 업로드 했다. 이제 [저장] 버튼을 누르면 해당되는 상품들은 샵플링 내에서 수정이 완료된다. 쇼핑몰에 상품등록 전이라면, 이 과정을 끝낸 후 [A][18]쇼핑몰상품등록에서 쇼핑몰에 상품을 등록하면 된다. 쇼핑몰에 상품등록 후라면, [A][21]쇼핑몰상품수정에서 수정 송신을 하면 쇼핑몰에 이미 등록 되어있는 상품이 바뀐 내용으로 수정된다.

컬럼	선택	수정 항목	컬럼	선택	수정 항목
A	수정불가	샵플링상품코드	B	수정불가	판매상태
C	☐	자사상품코드	D	☐	표준카테고리명
E	☐	오픈마켓카테고리명	F	☐	사용자카테고리
G	☐	매입처코드	H	☑	상품명 ❶
I	☐	노출상품명	J	☐	상품약어
K	☐	영문상품명	L	☐	중문상품명
M	☐	일문상품명	N	☐	옵션명
O	☐	모델명	P	☐	모델NO
S	☐	제조사	T	☐	원산지
U	☐	매입가(원가)	V	☐	판매가
W	☐	소비자가	X	☐	제조년도
Y	☐	발행일(제조일)	Z	☐	유효기간
AA	☐	남녀정보	AB	☐	연령정보
AC	☐	시즌정보	AD	☐	배송비구분
DO	☐	부가이미지8	DP	☐	부가이미지9
DQ	☐	부가이미지10	DR	☐	물류처
DS	☐	판매업체코드	DT	☐	상품유형
DU	☐	추가상품코드	DV	☐	기타정보
DW	☐	제휴사관리코드	DX	☐	제휴사상품코드
DY	☐	성인용품여부			

◉ 샵플링 상품코드 기준으로 수정하기　　◯ 자사상품코드 기준으로 수정하기
☐ 체크시 오픈마켓카테고리 변경할때 매핑정보 해당 상품에만 적용하기
※ 최대 1000건까지만 처리가능합니다. ❶

[필수] 엑셀 파일 선택　　|파일 선택| shoppling_pr...8203835.xlsx

❸ |저장|　|닫기|

2 _상품수정 항목

상품에는 많은 정보들이 담겨 있는 데, 특히 상품의 카테고리, 상품명, 상세페이지는 소비자가 구매를 하게 될 때 중요한 판단 요소가 된다. 쇼핑몰에 상품등록을 하며 상품의 양을 어느 정도 채웠다면 이제는 상품의 질을 채울 단계이다.

앞서 다룬 내용처럼 쇼핑몰에 상품이 등록되기 전과 후의 수정 방법이 다르다. 쇼핑몰에 상품이 등록되기 전이라면 수정을 하고 [A][18]쇼핑몰상품등록을 전송하면 된다. 그에 반대로 쇼핑몰에 상품이 등록되어있는 상태라면 [A][21]쇼핑몰상품수정을 전송해야 한다. 이 구조를 이해하고 아래의 개념을 확인하자.

카테고리

샵플링 표준카테고리

• 표준카테고리 개념

샵플링에는 샵플링만의 카테고리가 존재하는데, 이를 '표준카테고리'라고 한다. 어떤 특정 쇼핑몰의 카테고리를 의미하는 것이 아닌 샵플링이 새롭게 만든 카테고리이다. 표준카테고리는 쇼핑몰들마다 비슷한 카테고리끼리 묶어놓는 둔 형태이다. 샵플링의 표준카테고리에 따라 연결된 쇼핑몰들의 카테고리도 바뀐다. 이렇게 샵플링이 표준카테고리를 만든 이유는 사용자가 매번 카테고리를 상품마다 설정 하지 않아도 되게끔 하기 위해서 일 것이다. 사용자가 쇼핑몰의 카테고리를 각각 선택하지 않아도 되고, 표준카테고리만 선택하면 연결되어있는 쇼핑몰의 카테고리는 자동으로 적용되기 때문이다. 그래서 여러 쇼핑몰을 한 번에 등록하기 편하다.

아래는 하나의 상품 속에 들어와서 카테고리 부분을 보여주고 있다. [검색설정] 버튼을 통해 표준카테고리를 검색하거나, 직접 대, 중, 소, 세 분류를 선택할 수도 있다. 현재 샵플링의 표준카테고리에서 연결(매핑) 되어있는 쇼핑몰은 옥션, 지마켓, 11번가, 스토어팜(스마트스토어), 인터파크, 티몬, 쿠팡, 위메프2.0, 11번가(직구), 허브셀러가 있다. 이 쇼핑몰은 [A][18]에서 상품등록을 할 때 매핑된 카테고리 쓸 수 있다는 의미가 된다.

• 지정/개별의 차이

표준카테고리를 사용하면서 쇼핑몰마다 연결(매핑)되어있는 카테고리가 맞지 않는 경우가 있다. 아니면 사용자가 생각하기에 상품에 해당되는 카테고리로서 더 알맞은 카테고리가 선택하고 싶을 수 있다. 이러한 경우를 위해 표준카테고리에 연결되어있는 각 쇼핑몰의 카테고리를 수정할 수 있는 기능도 함께 있다.

예를 들어 G마켓을 수정하고 싶을 때, 표준카테고리에서 지마켓 옆에 있는 [수정] 버튼을 눌러서 새롭게 대, 중, 소, 세 분류를 설정할 수 있다. 나타난 창에서 볼 수 있듯이 '매핑카테고리 전체 적용'과 '이 상품에만 적용'이라는 문구를 발견할 수 있다.

'매핑카테고리 전체 적용'은 '지정'을 의미하며, 표준카테고리 속 변경하고자 하는 쇼핑몰의 카테고리를 새롭게 지정하는 것이다. 쉽게 말해 앞으로 해당 표준카테고리를 선택할 시, 여기서 선택하는 쇼핑몰 카테고리가 반복되게 저장하는 것이다.

'이 상품에만 적용'은 '개별'을 의미하며, 표준카테고리 속 변경하고자 하는 쇼핑몰의 카테고리를 해당 상품만 새롭게 개별로 연결하는 것이다. 딱 이 상품만 이 쇼핑몰에서, 이 카테고리를 사용하는 것이다. 앞으로 해당 표준카테고리를 선택하더라도 선택하는 쇼핑몰 카테고리가 반복되어 나타나지 않는다.

쇼핑몰카테고리 생성

표준카테고리에 연결되어 있지 않은 쇼핑몰이라서 매핑 카테고리를 쓸 수 없거나, 쓰지 않으려고 한다면, 직접 카테고리를 만들어서 사용할 수 있다. [F][1]에서 입점한 쇼핑몰을 연동해야 [A][15] 쇼핑몰기본정보를 만들 수 있는 것처럼, 쇼핑몰을 연동해야 쇼핑몰카테고리도 생성 가능하다.

•[A][16]쇼핑몰카테고리에서 만들기

쇼핑몰카테고리 신규등록에서 만들려고 하는 쇼핑몰을 선택하고 [신규등록] 버튼을 통해 나오는 새로운 창에서 설정가능하다.

• [A][18]쇼핑몰상품등록에서 만들기

■ [A][16]쇼핑몰카테고리에서 미리 만들어도 되지만 상품등록 할 때 바로 만드는 게 편할 수 있다. [A][18]쇼핑몰상품등록에서 상품등록을 할 때 선택내용 중 '상품 카테고리 매핑사용 선택'에서 지금까지 '매핑된 카테고리로 전송'을 사용했다. 지금은 직접 만든 카테고리를 사용할 것이기 때문에 '매핑적용안함'을 사용한다. 그 후에 [쇼핑몰카테고리]에서 [생성] 버튼을 누른다.

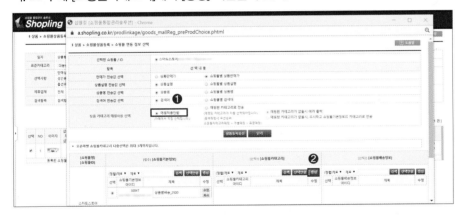

■ 새로 나온 창에서 직접 카테고리를 선택해줄 수 있다. 선택한 쇼핑몰에 따라 형식은 조금씩 다르지만 카테고리를 요구하는 것은 동일하다. 제목은 쓰지 않고 [검색]을 눌러 대, 중, 소, 세 분류를 선택하고 저장하면 사용할 수 있다.

3 표준카테고리에 있는 매핑카테고리를 사용하는 것이 아닌, 생성한 쇼핑몰카테고리를 사용하는 경우에는 상품등록하기 방법이 달라진다. '상품+기본정보+카테고리+(배송정보)'의 형태가 된다. 선택사항인 [쇼핑몰카테고리]이었지만 이제는 매핑된 카테고리로 전송하는 것이 아니기 때문에 해당하는 [쇼핑몰카테고리]를 선택하고 [상품등록송신]을 눌러 상품등록을 한다.

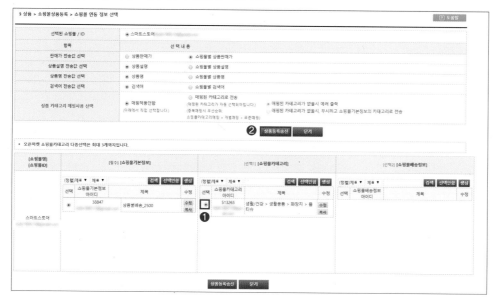

상품명

• [A][10]상품명관리

개별 수정, 대량 수정을 통해서 상품명을 수정할 수 있다. 샵플링에서 상품명을 더 편하게 수정할 수 있도록 제공하는 기능이 [A][10]상품명관리이다. 엑셀 파일 속에서 'Ctrl + F'키를 통해 텍스트를 찾거나 바꿀 수 있는 것과 비슷하다. 상품명에 원하는 텍스트를 추가, 삭제, 바꾸기를 할 수 있다. 원하는 대로 수정한 뒤, 수정한 상품을 모두 선택한 후 [선택일괄수정]을 눌러 저장해주면 된다.

상세페이지 수정

쇼핑몰에 들어가는 상세페이지는 대부분 세로로 긴 이미지 형태이다. 이 이미지는 파일 그대로 업로드 하는 것이 아닌, 그 이미지를 웹 속에 저장하는 호스팅을 해주고, 그 호스팅 주소를 HTML 코드로서 상세설명 설정에 넣어주는 것이다. 이 부분은 개별 수정, 대량 수정 모두 동일하다. 상세설명 설정에서 HTML 코드를 추가하거나 지울 수 있다. [상세설명 편집] 버튼을 통해 해당 HTML 코드의 이미지가 어떻게 보이는 지 확인할 수 있다. 또한 이미지에 더 넣고 싶은 텍스트를 추가하거나 정렬도 할 수 있다.

무재고 상품 관리 방법

상품을 등록했다고 해서 끝난 것이 아니다. 도매매의 상품이 품절이 되거나, 재입고가 되었을 때 우리도 해당 상품을 품절 처리하거나 판매중으로 다시 바꿔 주어야 된다. 그게 바로 동기화라고 하며, 동시에 판매기간 연장이라는 상품관리도 함께 진행해야 된다.

1 _ 동기화 - 도매매 상품이 품절되었다면

도매매의 모든 상품이 365일 재고가 유지가 될 수는 없다. 도매매 공급사도 상품을 가지고 있다가 판매가 이루어지게 되면 어느 순간 재고가 없어질 수밖에 없다. 평소에는 상품 주문이 들어오게끔 상품 진열을 유지 했다가, 상품 재고가 다 팔리면 진열했던 상품을 내린다. 이와 같이 도매매 상품의 판매 상태는 수시로 변화한다. 무재고 셀러로서 도매매 상품을 판매하고 있다면 당연히 도매매 공급사들이 어떻게 판매 상태를 바꾸고 있는지에 따라, 나의 쇼핑몰에서도 동일하게 판매 상태를 변경해주어야 한다. 우리가 발주 넣을 상품을 해당 공급사가 가지고 있지 않는다면, 주문을 받는다고 할지라도 상품을 보낼 수 없기 때문이다. 이 때문에 취소를 할 수 밖에 없고, 취소건들이 많이 쌓이게 되면 쇼핑몰에서 패널티를 받아 상품 노출에 영향을 받게 될 것이다.

무재고 셀러의 장점을 꼽자면 다양한 카테고리의 상품을 내가 원하는 대로 판매를 해볼 수 있다는 것이다. 이와 같은 장점을 살려 많은 상품을 판매하고 있다면, 일일이 도매매 상품의 판매 상태를 확인하고 다시 나의 쇼핑몰에 들어가서 판매상태를 하나씩 변화시키는 건 거의 불가능 할 것이다. 그래서 이와 같은 문제는 샵플링을 사용하여 해결할 수 있다. 내가 샵플링 속에 가지고 온 상품들 중에서 상품에 무언가 변화가 일어났다면, 일괄적으로 나의 쇼핑몰에서도 동일하게 변화를 시켜줄 수 있는 기능이 있다. 샵플링 속에서 이 작업은 '동기화'라고 칭한다. 우리가 주문 들어온 건에 대해 매일 발주를 해주어야 되는 것처럼, 이 동기화 작업도 평일 매일 해주어야 취소가 발생할 수 있는 확률을 줄일 수 있다. 동기화에서는 판매상태, 가격, 옵션의 크게 3가지의 동기화가 있다. 동기화는 이 순서대로 진행하면 된다.

판매상태 동기화

1 동기화의 순서는 도매매 상품의 변화된 것을 샵플링에 동일하게 변화시키고, 변화된 샵플링의 상품을 쇼핑몰로 수정 전송을 하는 구조이다. 이를 위해 샵플링의 [H][2]도매매 상품동기화로 이동한다. 동기화 메뉴에서 잘 기억해야 될 것은, 내가 샵플링에 가지고 온 상품들 중에서 변화된 것만 나타난다는 것이다.

2 [H][2]도매매 상품동기화 는 [H][1]도매매 상품가져오기와 매우 유사하게 구성되어 있다. 하나 차이가 있다면 상품그룹을 선택해서 동기화를 할 수 있는 점이다. [H][1]도매매 상품가져오기와 동일하게 등록일은 최대한 과거부터 현재까지 설정하고, 화면출력을 2000으로 하고, [검색] 버튼을 누른다.

3 [검색] 버튼을 누른 뒤 나온 상품들은 무언가 변화가 되었기 때문에 목록에 뜬 것이다. 옵션 수량이 1개라도 변화된다면 샵플링이 인식하고 변화된 상품으로 나타나게끔 한다. 상품 가져오기와 다르게, 상품 하나씩 체크하지 않고 모두 선택하여 [상품동기화] 버튼을 누르면 된다.

4 새롭게 나온 창도 상품가져오기 때와 유사하나 차이가 있다. [H]의 모든 메뉴는 도매매와 연결이 되어있는데, [H]에서 항상 상품의 가격을 결정하게 된다. 이 말은 즉 동기화를 할 때도 다시 가격설정을 해주어야 된다는 뜻이다.

상품동기화설정

❶ 수정항목설정

• 옵션재고, 가격, 판매상태 수정 : 동기화 시 옵션재고, 가격, 판매상태만 수정한다. 주로 이것
  만 선택된 상태에서 동기화를 진행한다.

- 전체항목 수정 (이미지 제외) : 상품의 전체항목을 도매매 상품 정보로 수정한다.
- 이미지 수정 : 상품 이미지가 도매매 상품 이미지로 수정된다.
- 상세설명 수정 : 상품 상세설명이 도매매 상세설명으로 수정된다.

쇼핑몰별 판매가설정

❷ 판매가설정

동기화에서 중요한 것은 가격 설정을 다시 한다는 것이다. 우리에게 원가로 해당되는 도매매의 판매가가 변화될 수 있기 때문에, 원가에 대한 정보를 기준으로 우리의 판매가를 다시 설정하거나 유지 할 수 있다.

- 판매가변경함 : 상품의 원가가 변경되면 판매마진율에 따라 다시 계산되어 상품의 판매가가 변경된다.
- 판매가유지함 : 상품의 원가가 변경되더라도 상품의 판매가를 변경하지 않고 유지한다.

❸ 옵션추가금액 설정

쇼핑몰에 상품들을 보면 앞에 크게 적혀있는 가격만 소비자가 지불하면 될 때도 있고, 옵션에 추가금액이 있어 판매가에 옵션가를 더 내야 되는 경우도 있다. 이처럼 소비자가 금액을 지불할 때 상품마다 발생할 수 있는 옵션가에 대해서 어떤 식으로 계산을 할 것인지 정하는 부분이다.

- 옵션추가금액 유지(도매매) : 상품의 옵션에 추가금액이 있더라도 그대로 추가금액을 유지한다. 예를 들면, 도매매의 상품이 옵션가가 500원이었다면 나도 쇼핑몰에서 판매를 할 때 500원 그대로 설정하는 것이다.
- 옵션추가금액 마진율 계산하여 적용(쇼핑몰별 판매가는 사용하지 않음) : 상품의 옵션에 추가금액에 있다면 마진율을 통해 계산하여 옵션가가 상승한다.

❹ 배송비

이전에 도매매 상품 가져오기 부분과 동일하다. 상품의 배송비를 어떻게 설정할지 정하는 게 아니라, 상품의 가격에 배송비를 일괄적으로 녹여서 설정할 수 있는 기능이다.

- 유료배송 : 배송비와 같이 일정금액을 올려 변화시키지 않는 경우 선택한다.
- 무료배송([ ]원 추가) : [ ]에 금액을 직접 설정하여 쇼핑몰판매가에 추가되어 계산된다.

❺ 가격준수조건 관련

- 준수조건 설정함 : 도매매 상품 중에서 추천단가와 최저단가를 정해둔 공급사들이 있는데, 이를 '가격준수조건'이라고 한다. 이러한 조건이 있는 상품들은 자동으로 추천단가 또는 최저단가로 설정할 수 있다.

• 판매가등록 쇼핑몰선택

[쇼핑몰별 판매가등록] 버튼을 누르면 상품가져오기 부분과 같이 쇼핑몰별 판매가를 설정할 수 있도록 칸들이 펼쳐지게 된다. 이때 처음에 상품을 가지고 왔을 때와 동일하게 원가마진율, 수수료율, 할인율, 정액할인을 설정해주면 된다. 그러면 도매매 판매가(원가)가 바뀌었다면 쇼핑몰별판매가가 바뀔 테고, 아니라면 쇼핑몰별판매가는 바뀌지 않을 것이다. 그래서 처음 상품을 가지고 올때 원가마진율, 수수료율을 잘 메모해두어 의도치 않는 가격변동이 없게끔 해야 한다.

공통설정

이 부분은 [H][1]상품 가져오기와 동일하다.

모든 부분의 설정이 완료 되었으면 [적용] 버튼을 누르면 된다.

⑤ 도매매에 변화된 상품들이 나의 샵플링에 적용이 완료되어 성공했다는 메시지로써 확인할 수 있다. 그러나 아직 끝나지 않았다. 이제는 샵플링에서 쇼핑몰로 수정을 전송할 준비가 된 것이다.

⑥ [A][21] 쇼핑몰상품수정 으로 이동하여 쇼핑몰에 수정해야 될 값들을 전송하는 단계이다. 이 단계에서는 도매매에서 '판매종료'된 상품을 나의 쇼핑몰에도 '판매중지(품절)'송신을 한다. 반대로 도매매에 다시 '판매중'이 된 상품을 나의 쇼핑몰에서도 '판매중' 송신을 하는 과정이다.

• '일자'에서 '연동생성일'에서 최대한 과거부터 현재까지 설정한다. 앞으로 판매상태, 가격 동기화 모두 동일하게 설정한다.

• '화면출력'은 최대(500)으로 설정한다. 판매상태, 가격 동기화 모두 동일하게 설정한다.

- '조건 선택2'에서 '상품 판매상태(전체)'는 샵플링의 판매상태를 의미한다.
- '조건 선택2'에서 '전송 판매상태(전체)'는 내 쇼핑몰의 판매상태를 의미한다.

판매중지 송신하기

1 조건 선택2 에서 '상품 판매상태(전체)'를 '판매종료'로 선택한다. '전송 판매상태(전체)'는 '판매중'으로 선택하고 [검색] 버튼을 누른다. 이렇게 선택하는 이유는 현재 쇼핑몰에 판매중인 이제 판매중지를 송신할 상품들을 나타나게 하기 위해서이다.

2 나온 상품들을 모두 선택한 후, [상품 수정전송] 버튼을 누르면 상품수정 송신을 선택할 수 있는 창이 뜬다. 상품판매상태송신 〉 판매중지 〉[상품수정 송신] 버튼을 누르면 된다.

판매중 송신하기

1 바로 전에는 상품을 내리는 송신을 했다면, 반대로 상품을 다시 올리는 송신을 할 차례이다. 조건 선택2에서 '상품 판매상태(전체)'를 '판매중'으로 선택한다. '전송 판매상태(전체)'는 '판매중지'로 선택하고 [검색] 버튼을 누른다.

2 나온 상품들을 모두 선택한 후, [상품 수정전송] 버튼을 누르면 상품수정 송신을 선택할 수 있는 창이 뜬다. 상품판 매상태송신 〉 판매중 〉 [상품수정 송신] 버튼을 누르면 된다.

가격 동기화

1 이전 판매상태 동기화에 이어서, 조건 선택2의 '상품 판매상태(전체)'를 '판매중'으로, '전송 판매상태(전체)'를 '판매중'으로 설정한다. '상품명, 판매가 보기선택'에서 '쇼핑몰별판매가'와 '최종전송판매가와 쇼핑몰별 상품판매가 다른상품'을 선택한다. 이는 상품의 쇼핑몰별판매가를 기준으로 보이게 한다. 그 중에서 최종으로 전송했던 판매가와 이 쇼핑몰별상품판매가가 서로 다른 것만 나타나게 하여, 변화된 것만 수정 송신하면 되게끔 만들어 주는 것이다. 모든 설정이 완료되면 [검색] 버튼을 누른다.

2 검색을 통해 나온 상품을 모두 선택한 후, [상품 수정전송] 버튼을 누르면 상품수정 송신을 선택할 수 있는 창이 뜬다. 일반내용수정 〉 판매가 〉 [상품수정 송신] 버튼을 누르면 된다.

옵션 동기화

1 [A][22]쇼핑몰상품옵션전송에서 일자를 '옵션수정일(샵플링상품)' [오늘]로 설정한다. 매일 해야 되는 동기화이지만 혹시나 동기화를 했던 날짜가 확실치 않다면 최대한 과거부터 현재까지 일정을 설정해도 된다.

② 조건 선택1의 '판매상태'를 '판매중'으로 선택하여, 판매중인 모든 상품이라는 범위를 설정한다. 조건 선택 2 의 '옵션상태'를 '품절'로 선택하여 [검색]한다. 판매중인 상품 중에서 품절된 옵션만 나오게 하는 것이다. [상품옵션전송] 버튼을 눌러 전송대기인 옵션들을 전송하면 된다. 이를 통해 품절된 옵션들이 전송된다.

③ 이제는 판매중인 옵션을 전송할 차례이다. 조건 선택1의 '판매상태'를 '판매중'인 것을 유지하고, 조건 선택2 의 '옵션상태'를 '판매중'으로 바꿔준다. 판매중인 상품 중에서 판매중인 옵션만 나오게 하는 것이다. [상품옵션전송] 버튼을 눌러 전송대기인 옵션들을 전송하면 된다. 이를 통해 판매중인 옵션들이 전송된다.

2 _ 판매기간 연장 - 상품이 갑자기 내려가지 않게

상품이 등록될 때 쇼핑몰에 판매를 유지하는 기간을 설정할 수도 있다. 이를 '판매기간'이라고 하는데, 상시판매가 되지 않고 판매기간 연장을 해줘야 되는 쇼핑몰은 'G마켓'과 '옥션'이 있다. 판매기간 연장은 온라인 쇼핑몰을 시작하고 쉽게 놓치는 부분이다. 동기화는 주문처리를 하다 보면 취소건으로 인해 바로 느껴지기 때문에 신경 써야 된다는 것을 알게 된다. 하지만 판매기간 연장은 해당 부분을 들어가서 상태를 확인해야지 알 수 있기 때문에 놓치기 쉽다. 잘 판매되던 상품이 내려가게 되면 매출이 갑자기 저조해질 수 있다. 상품의 판매기간이 지나게 되면 상품은 내려가게 된다. 다시 판매중으로 바꿀 수 없고 다시 상품등록을 해야 한다. 그렇기 때문에 어쩌면 동기화보다 더 중요하다고 생각한다. 이 판매기간 연장은 샵플링에서도 관리할 수 있고, G마켓과 옥션의 판매자 사이트인 ESM PLUS에서도 할 수 있다.

샵플링

■ [A][24]쇼핑몰상품판매연장은 G마켓, 옥션의 상품들의 판매기간을 연장시킬 수 있는 곳이다. 전송을 하지 않은 상품이 없게 최대한 과거부터 현재까지의 기간을 설정하고 [검색]을 누른다. 나온 상품들을 모두 선택하고, 연장기간 선택의 '90일'을 선택하고 [판매기간 연장 전송] 버튼을 누른다.

ESM PLUS

■ ESM PLUS의 메인에 있는 '나의 상품정보'에서 '7일 이내 판매 중지'에 0건이 아닌 다른 숫자가 표시되어 있다면 판매기간 연장을 해줘야 된다. 해당되는 숫자 부분을 클릭하면 페이지가 이동되며 해당되는 상품들을 판매기간 연장 할 수 있다. 이동된 페이지에서 '판매종료 7일전' 상품들을 모두 선택하여 [판매기간연장] 버튼을 누른다. 연장할 판매기간은 90일로 해주고 [확인] 한다. 이때 G마켓, 옥션 모두 연장처리 해준다.

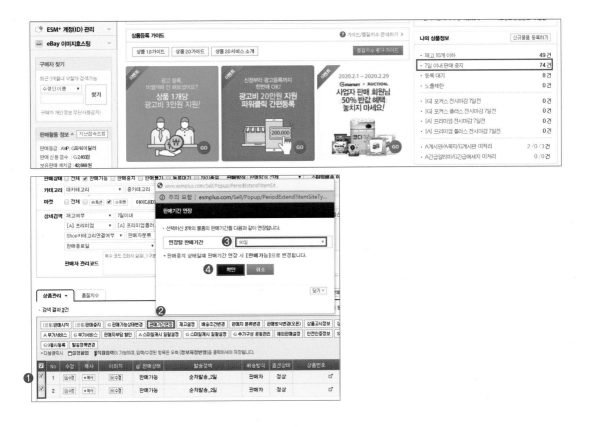

2 한 가지 참고할 것은 메인에 보이는 '7일 이내 판매 중지'상품은 상품1.0만 나타난다. 그래서 상품2.0을 사용 중이라면 상품등록/변경 〉 상품관리2.0을 통해 '판매종료 7일전'에 상품이 있는지 확인해야 된다. 0이 아닌 숫자가 표시되어 있다면 눌러서 해당되는 상품이 나오게 한다. 나온 상품을 모두 선택해서 [판매기간 연장] 버튼을 통해 연장하면 된다. 전송해주어야 되는 것만 딱 전송하기 때문에, 접근성은 샵플링보다 떨어지더라도 전송속도는 더 빠를 것이다.

주문처리부터
고객관리까지

주문처리 프로세스

상품등록을 시작했다면 이젠 주문이 들어올 때 어떻게 진행해야 되는지 방법을 알아야한다. 쇼핑몰에 있는 신규 주문을 샵플링으로 수집하고, 그 주문 건에 대한 상품을 도매매에 발주 넣으며, 운송장 번호를 쇼핑몰로 전송하는 것까지 프로세스를 이해하고 실행할 수 있다.

1 _ 주문 수집하고 발주하기

첫 주문을 받으면 어떤 기분일까. 지금까지 오프라인 강의를 하면서 상품등록을 시작하고 3~4주차에 첫 주문을 받는 경우를 많이 봤다. 첫 주문을 받게 되면 기쁘기도 하고 동시에 당황도 한다. 그러면 이제 주문처리를 하게 되는데 배우고 알고 있는 내용인데도 머릿속이 복잡해진다. 만약 샵플링을 쓰지 않는다면 내가 상품을 등록하고 판매를 하고 있는 쇼핑몰을 전부 들어가서 확인해야 된다. 하지만 우리는 샵플링을 사용 중이기 때문에 편하게 신규 주문들을 수집할 수 있고, 동시에 도매매 상품들을 자동으로 발주하며, 주문 상품의 운송장번호 전송도 가능하다.

그렇다면 어떤 단계들을 거쳐 주문처리가 되는지 구체적으로 알아보자. 쇼핑몰에서는 크게 '신규주문'-> '배송준비' -> '배송중' -> '배송완료' -> '정산완료'의 순서대로 단계를 거친다. 쇼핑몰마다 해당하는 단어들의 문구는 조금씩 다르지만 의미하는 바는 같다. 샵플링에서 수집을 하는 순간, 쇼핑몰에서 '신규주문'인 주문 건이 '배송준비'로 바뀌게 된다. 그리고 샵플링에서 운송장번호를 쇼핑몰로 전송하면 '배송준비'인 주문 건이 '배송중'으로 바뀌게 된다. 이 순서를 이해하면 주문처리의 프로세스를 보다 쉽게 진행할 수 있다.

샵플링 [B][7]주문처리에서도 [주문처리흐름도 열기]를 통해 주문처리의 프로세스를 확인할 수 있다. 쇼핑몰에서 단계를 거치며 주문처리가 되는 것처럼, 샵플링 속의 주문처리 단계를 의미한다. 이제 막 첫 주문이 들어왔고, 순서가 헷갈린다면 주문처리흐름도를 보며 힌트를 얻을 수 있을 것이다. 내가 어떤 주문처리의 순서를 거치고 있는지 확인하며 처리할 수 있다.

이제 우리는 샵플링에서 상품등록, 상품관리에 이어 '주문처리'를 해주어야 된다. 신규 주문이 들어왔을 때, 판매자 번호로 문자 또는 카톡으로 알려주는 쇼핑몰도 있고 아닌 곳도 있다. 상품을 등록하기 시작했다면 언제 주문이 들어올지 모른다. 그렇기 때문에 이제는 주문 수집을 정기적으로 해주어야 된다. 주문이 들어오기 시작했다면 진짜 사업이 본격적으로 시작된 것이다. 이제 우리에게 들어올 많은 주문들을 기쁘게 맞이해보자.

수집과 매핑

1 [B][1]주문자동수집을 통해 연동한 쇼핑몰들의 신규주문을 샵플링으로 수집할 수 있다. 쇼핑몰을 모두 선택하고 [주문수집하기] 버튼을 누른다. 주문이 들어왔다면 다음과 같이 파란색과 초록색 문구를 통해 주문이 들어온 쇼핑몰에서 수집된 된 것을 확인할 수 있다.

2 이제 [B][5]신규주문매핑처리를 통해 신규주문을 매핑 해줄 단계이다. 카테고리에서 '매핑'이라는 단어를 많이 접했었다. 샵플링은 기본적으로 매핑은 '연결'이라는 뜻이라고 생각하면 된다. 주문처리에서의 매핑은 쇼핑몰에서 주문받은 정보와 나의 샵플링 속 정보를 연결하고, 그 후에 연결된 정보를 통해 도매매로 발주하기 위한 단계이다. 도매매 상품을 자동 발주하기 위해서는 매핑을 반드시 해주어야 된다. [B][5]신규주문매핑처리에서 [검색] 버튼을 누르면 바로 전에 주문받은 주문을 볼 수 있다.

3 매핑하려는 주문을 클릭하면 노란색으로 표시가 된다. 클릭한 노란색 상품이 기준이 되어, 시계방향으로 하나씩 연결을 해주는 것이다. 오른쪽 위에서는 연결할 상품이 자동으로 검색되는데 연동상품〉자사코드〉상품명의 우선순위를 통해 나타난다. 오른쪽 아래에서는 해당되는 상품의 옵션을 의미한다. 노란색 부분에서 옵션명을 확인하고, 오른쪽 아래에서 동일한 옵션을 찾아서 [추가] 버튼을 누른다.

4 [추가] 버튼을 눌렀다면 해당하는 옵션이 왼쪽 아래에 나타난다. [매핑수량 저장] 버튼을 누른다. 주문받은 건이 여러 건일 경우 이와 같은 방법을 반복해서 모두 매핑을 해준다. 매핑한 주문 건을 모두 선택하고 상단의 [주문매핑완료&신규주문확정] 버튼을 누르면 매핑이 완료된다. 이때 주의할 점은 주문받은 상품의 수량이 2개 이상일지라도 매핑수량의 숫자를 변경하면 안 된다. 주문수량은 발주 시 자동으로 인식하기 때문에 이쪽에서 수량을 수정하지 않는다.

5 이제 [B][7]주문처리로 가면 매핑 전과 다르게 매핑에 대한 정보가 연결되어있는 걸 확인할 수 있다. 매핑을 통해 원가에 대한 정보를 확인할 수 있으며, 이제 자동발주를 할 준비가 된 것이다.

▲매핑 전

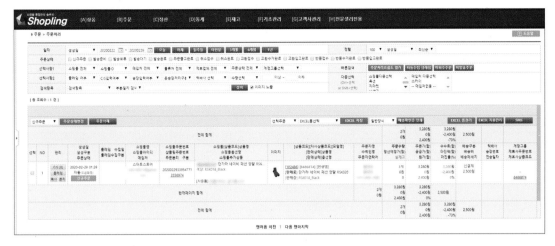

▲ 매핑 후

발주

샵플링의 자동발주는 우리의 업무를 단축시키는 데 아주 중요한 역할을 한다. 이 기능이 없다면 주문받은 상품을 도매매에서 찾고, 소비자의 주소 및 전화번호를 기입해서 발주해주어야 됐을 것이다. 샵플링의 자동발주는 쇼핑몰에서 수집한 소비자의 정보와 매핑해준 상품의 정보를 통해 도매매로 주문할 수 있다. 샵플링을 통해 자동발주를 하기 위해서는 우선적으로 도매매의 e-money가 충전이 되어 있어야한다. 도매매 e-money는 상품을 발주할 충전금을 의미한다. 도매매(도매꾹) 〉

마이페이지 〉 e-money통장 〉 충전하기를 통해 금액을 적고 계좌이체 등을 통해 충전하면 된다. 이제 신규 주문 매핑과 도매매 e-money 충전, 모두 준비가 되었다면 발주를 시작해보자.

1 [B][7]주문처리에서 선택사항1 〉 제휴업체를 '도매매'로 선택하고 [검색]을 누른다. 그러면 화면이 조금 달라진 것을 눈치 챌 수 있다. [도매매아이디 선택], [보내는사람상호명]을 선택할 수 있고 [도매매로 주문전송] 등의 버튼이 생긴 걸 알 수 있다.

이제 발주할 신규주문을 체크한 뒤, [도매매아이디 선택]을 눌러 발주에 사용할 도매매 아이디를 선택하고, [도매매로 주문전송] 버튼을 누른다.

2 그 후 새로운 창이 뜨고, 목록에 나온 주문 건을 모두 선택한 뒤, [전송] 버튼을 누른다. 이때 여러 번 누르면 클릭된 만큼 중복 발주 될 수 있기 때문에 주의한다.

❸ 잠시 기다리면 도매매로 전송이 완료된 것을 확인할 수 있다. 이렇게 주문이 되면 도매매 〉 구매관리 〉 전체목록을 통해 바로 전에 발주한 내역을 확인할 수 있다.

• 도매매내 구매 전체 목록

2 _ 운송장번호 쇼핑몰에 전송하기

도매매에 발주를 한다고 끝난 것이 아니다. 정말 중요한 것은 판매자가 상품을 보냈다는 증거를
남겨야 한다. 그건 바로 '운송장 번호'를 쇼핑몰에 전송하여 발송처리 하는 것이다. 이 또한 각
쇼핑몰마다 들어가지 않아도 되고, 샵플링을 통해 일괄적으로 입력해서 전송 할 수 있다.

1 발주와 동일하게 [B][7]주문처리에서 선택사항1 〉 제휴업체를 '도매매'로 선택하고 [검색]을 누른다. 도매
매아이디를 선택하고 [도매매의 송장수집]을 누른다. 도매매의 공급사가 송장을 입력했다면 운송장번호를
샵플링으로 가지고 오는 기능이다. 공급사마다 송장을 입력하는 시점이 각기 다르지만 보통은 평일 저녁 6
시 정도면 운송장이 입력되어 있다. 그래도 하루에 한번 하는 것보다 시간 될 때마다 송장을 수집하고 쇼핑
몰에 전송해두는 게 좋다. 그래야 갑자기 취소 신청이 들어올 확률을 낮출 수 있다.

2 운송장이 수집되었다면 [B][9]운송장등록 또는 [B][11]운송장쇼핑몰전송에서 쇼핑몰로 전송할 수 있다. 아
래에서는 [B][11]운송장쇼핑몰전송을 이용했다.
운송장이 주문 건에 저장되어 있다면 이와 같이 주문상태가 회색으로 '발송대기' 라고 표시된다. 운송장번
호를 쇼핑몰로 전송하기 위해서는 해당되는 주문 건을 선택하고 [운송장번호 전송] 버튼을 누른다.

3 다음처럼 해당되는 쇼핑몰에 성공적으로 운송장이 전송된 것을 확인할 수 있다. 운송장이 전송된 후에는 샵플링에서는 해당 주문건의 주문상태가 '발송완료'가 된 것을 확인할 수 있다. 이러면 해당 쇼핑몰에서도 배송준비 상태였던 주문 건이 '배송중'으로 바뀌게 된다.

피할 수 없는 고객관리

무재고 배송대행을 통해 판매를 진행할 때 가장 걱정하는 부분이 취소, 반품, 교환에 대한 것이다. 이에 대해서는 해당 주문 건이 어떤 상황인지에 대해 판단하고 그에 따라 처리할 수 있는 방법이 달라진다. 또한 상품에 대한 문의가 들어왔을 때 무재고 셀러가 어떻게 답변을 할 수 있는 지에 대해 함께 다룬다.

1 _취소 처리 방법

무재고 셀러인 우리에게 일어나지 않았으면 하는 게 있다면 이 3가지일 것이다. 그건 바로 취소, 반품, 교환이다. 하지만 온라인 쇼핑몰을 운영한다면 절대 피할 수가 없다. 매출이 늘어나면 늘어날수록, 상품수가 많으면 많을수록, 이와 같은 일은 발생할 확률이 높아질 수밖에 없다.

1 샵플링에서 취소/반품/교환은 '클레임'으로 표기된다. 이 클레임들은 [B][1]주문자동수집 〉 [주문수집하기] 옆에 [클레임수집하기]를 통해 샵플링으로 수집이 가능하다. 판매중인 모든 쇼핑몰을 선택하고 [클레임 수집하기]를 누른다.

그러나 반드시 알아야 될 것은 주문처리 부분은 쇼핑몰과 샵플링이 연결이 되어 있지만, 취소/반품/교환은 연결이 아닌 '기록'의 기능을 하고 있다. 다시 말해 취소/반품/교환이 접수되면 샵플링으로 확인이 가능하지만, 이를 소비자에게 승인해주는 단계에서는 샵플링이 아닌 해당 쇼핑몰 관리자 사이트에서 처리해주어야 된다는 것이다. 취소/반품/교환을 처리하고 사이트에서 승인해준 다음에, 샵플링 해당 주문건의 주문상태도 바꿔주어 쇼핑몰과 샵플링이 상태가 동일하게끔 맞춰주는 것이 좋다. 그래야 나중에 통계를 낼 때 샵플링만으로 결과를 확인하기 편리하다.

그렇다면 우리가 피할 수 없는 클레임들은 어떻게 처리할 수 있을까.

발주를 넣기 전에 취소신청이 들어왔다면 해당 쇼핑몰 관리자 사이트에서 바로 취소 승인을 해주면 된다. 하지만 이미 발주를 넣은 주문 건이라면 어떻게 처리할지 굉장히 당황스럽다. 직접 사입을 해서 발송하는 공급사라면 보통 평일에 한번 오후 4~6시 정도에 계약 택배 기사님께서 발송할 상품들을 가져가신다. 만약 평일 오전에 취소의 클레임이 수집되었을 경우, 도매매에 우리가 발주 넣은 건을 취소신청 했을 때 공급사가 취소를 받아줄 가능성이 높다. 하지만 발주를 한지 시간이 꽤 지났고, 오후 시간대라면 이미 포장을 해서 손을 쓰기 어렵거나, 택배 기사님께서 택배를 가져가셨을 확률이 높다. 무재고 셀러인 우리는 우리가 직접 손으로 택배 발송하는 것이 아니기 때문에 즉시 택배 발송을 막기가 힘들다. 그래서 취소에 대한 상황이 어떠한지 '도매매 발주 건의 주문상태'에 따라 방법을 달리 하여 처리를 해야 한다.

위 주문처리 내용에서 '쇼핑몰에서의 주문상태', '샵플링에서의 주문상태'의 순서와 구조를 확인할 수 있었다. 도매매도 마찬가지로 주문 건에 대해서 각 단계를 거쳐 주문상태가 변화된다. 도매매 주문상태는 크게 '결제완료' ─〉'배송준비중' ─〉'배송중' ─〉'배송완료' ─〉'구매종료' 이다. 이를 확인하고 해당 클레임 발주 건이 어떤 단계에 해당 되는가에 따라 처리하면 된다.

운송장이 붙기 전

도매매에 발주를 하고 나서 운송장번호가 붙지 않았다면 도매매 주문상태는 '결제완료' 또는 '배송준비중' 상태 둘 중 하나이다. 도매매 〉 구매관리 〉 전체구매목록을 통해 샵플링으로 자동 발주했던 내역들을 모두 볼 수 있다.

도매매 결제완료 상태

1 도매매 〉 구매관리 〉 전체구매목록에서 취소를 해야 되는 주문 건을 검색한다. 이때 '수령인' 성함으로 [찾기] 버튼을 눌러 검색 하는 게 편리하다. [상품제목] 또는 [주문상세보기]를 통해 주문의 상세페이지로 들어간다.

2 도매매 해당 주문건의 상세페이지로 이동되며, '주문상태확인'에서 [구매취소신청] 버튼을 누른다. 참고로 운송장이 붙기 전에 결제완료, 배송준비중의 도매매 주문상태는 둘 다 취소 건을 처리할 때, 일단 도매매의 해당 주문 건을 [구매취소신청] 하는 것이 동일하다.

3 구매취소사유를 적을 수 있는 입력란이 생기고, 사유를 기입하여 [신청하기]를 누른다.

4 주문상태확인과 주문상태기록 부분에서 취소 신청이 된 것을 확인할 수 있다. 시간이 지나 도매매 시스템 관리자의 승인을 받게 되면 다음과 같이 '구매취소승인완료' 기록을 볼 수 있다.

지금까지 경험해본 바로 결제완료 상태에서 도매매 주문 건을 취소했을 때, 취소승인이 되지 않은 적은 한 번도 없었다. 그래서 도매매 '결제완료' 상태일 경우, 취소한다면 나름 안심해도 좋다.

이렇게 도매매 발주 건을 취소 받은 후에, 우리가 취소 신청을 받은 쇼핑몰에 취소승인을 해주는 것이 안전하다. 먼저 쇼핑몰에서 승인을 하고, 도매매에서 승인을 못 받는 상황이 생겼을 때 손해가 발생하기 때문이다. 항상 취소/반품/교환 모두 무재고 셀러는 도매매에서 승인을 받은 뒤, 판매중인 쇼핑몰에서 소비자의 요청을 승인해주는 것을 추천한다.

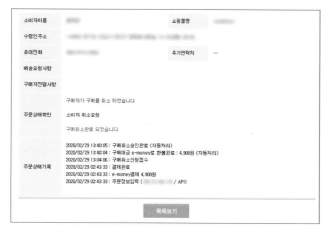

도매매 배송준비중 상태

도매매의 주문 건이 '배송준비중'일 경우에도 취소신청을 할 수 있다. 도매매의 배송준비중 상태에 취소를 한다면 다음과 같이 '판매자의 취소승인를 기다리는 중입니다.' 문구를 확인할 수 있다. 하지만 배송준비중일 경우 공급사가 주문확인을 해서 처리중인 경우라서 취소가 안 될 확률이 높아진다.

그래서 위와 같이 도매매 취소신청을 동일하게 하되, 공급사한테 전화를 함께 해주는 것을 추천한다. 판매자의 전화번호는 주문 상세페이지에서 '판매자연락처'에서 확인 가능하다. 전화를 해서 도매매 주문 건의 수령인 명을 전달하여 취소 요청을 하면 취소를 받을 수 있는 확률이 높아진다.

운송장이 붙은 후

도매매 주문 건이 운송장이 붙은 후에는 취소를 받기 확률이 많이 낮아진다. 그래서 앞서 운송장 전송을 하루에 한번 하는 것보다 하루 업무시간 동안 정기적으로 하면 좋다는 것이 이것 때문이다. 소비자 입장에서는 운송장번호가 들어가 있지 않은 배송준비중 상태라면 취소가 가능할 것이라고 인식하기 때문에, 실제 도매매에서 운송장이 나왔다면 되도록 빨리 전송을 해주는 게 좋다.

도매매에서 송장이 붙는다면 다음과 같이 표시가 된다. 택배사 정보와 바로 밑에 운송장번호를 확인할 수 있다.

공급사 전화

오전에 취소를 받은 경우라면 공급사 상품을 택배기사님이 가져갔을 확률이 낮다. 그리고 공급사가 운송장번호만 미리 입력해두었을 경우도 많다. 그래서 바로 전과 같이 공급사에 전화를 해서 발송이 되는 것을 막는 방법이 있다. 그리고 도매매 사이트 내에서 환불처리까지 함께 요청한다. 왜냐하면 도매매 사이트에서는 운송장번호가 붙어있기 때문에 우리는 취소 신청이 불가하기 때문이다.

통화를 했다면 공급사의 상황에 따라 처리가 가능할 수도 있고, 불가능할 수도 있다. 공급사 입장에서는 주문을 확인해서 포장을 하고 상품들을 쌓아두어 찾기 어려울 수 있다. 그래서 공급사의 처리가 불가할 수 있다는 상황을 이해하고 대처해야 한다.

발송처리

만약 평일 오후 시간대이고, 공급사에 전화를 했으나 불가능하다는 답을 들었을 때는 어쩔 수 없이 발송처리를 한다. 운송장이 입력만 안 된 것이고 실제 발송이 되었다는 의미로 운송장을 입력해서 발송처리를 하고 상황을 지켜보는 것이다.

이 상태에서는 샵플링에서는 클레임을 인식하여 운송장번호를 전송할 수 없게 된다. 클레임이 수집되지 않더라도 샵플링에서 운송장번호는 전송되지 않는다. 그래서 쇼핑몰에서 취소신청이 들어오면 해당 쇼핑몰 관리자 사이트에서 직접 운송장번호를 입력해줘야 된다. 발송처리를 하고 소비자는 배송을 받을 것이고 취소가 안 되었다는 것을 알게 될 것이다. 그래도 이해하고 그대로 받으시는 경우가 대부분이니 많이 걱정하지 않아도 된다.

2 _ 반품/교환 방법

무재고 배송대행에 대해 많이 받는 질문 중 하나는 반품, 교환은 어떻게 할 수 있는지에 대한 것이다. 무재고 셀러는 반품/교환을 떠안을 수밖에 없다는 잘못된 인식이 있다. 소비자는 우리의 고객인 것처럼, 도매매의 고객은 무재고 셀러이다. 그렇기 때문에 도매매에서는 무재고 셀러를 위한 서비스를 제공하며 반품/교환 모두 처리가 가능하다.

우선적으로 반품과 교환의 처리방법에 있어서 공통되는 사항은 '누구의 귀책'인지 확인하는 것이다. 거의 대부분은 판매자 귀책 또는 구매자 귀책이며, 예외로 쇼핑몰 귀책이 있을 수 있다. 판매자 귀책인 경우는 상품 불량, 상품 파손, 상품 누락, 오배송 등이 있다. 구매자 귀책인 경우는 단순변심, 주문실수, 사이즈 불만 등이 있다. 판매자 귀책일 때는 항상 사진 또는 영상의 증빙자료를 소비자에게 먼저 받는 것을 추천한다. 상품의 어디 부분이 불량인지 증빙자료를 받고 공급사한테 전달을 해야 셀러도 확실하게 환불 받을 수 있다.

또한 '반품/교환 배송비'에 대해서도 공통되는 사항이 있다. 판매자 귀책이라면 해당되는 비용을 모두 판매자가 부담해야 된다. 하지만 소비자 귀책일 경우 비용을 어떻게 결제할지에 따라 처리 방법이 달라진다. 보통 환불금에서 차감하거나 따로 반품/교환 배송비에 대해서 먼저 결제하고 신청한다. 하지만 이 방법이 아닌 판매자에게 송금하는 경우라면 셀러의 계좌번호를 소비자에게 알려주고 계좌 입금 받아야 한다. 그리고 교환의 경우에는 박스에 동봉하는 경우가 있는 데 이때도 동봉보다는 입금으로 받아서 분실 위험을 줄이는 게 좋다.

상품이 많아지고 다양할수록 반품/교환이 생기는 경우의 수가 점차 늘어난다. 우리를 힘들게 하는 반품/교환을 피할 순 없다. 퀘스트를 깨듯이 하나씩 다음 단계로 가보면 어느 순간 레벨이 높아져 있다는 걸 알게 될 것이다.

반품

반품 자체도 당황스럽지만 반품 상품이 우리 집(사업장주소)으로 올 때 더욱 더 당황스럽다. 아마 이 책을 읽으면서 이제 막 사업을 시작했거나, 아니면 묶음배송을 사용하고 있지 않은 셀러라면 첫 반품은 집으로 받게 될 확률이 아주 높다. 이 사업을 처음 시작했을 때 2~3주차쯤에 첫 주문을 받았고, 그 다음 달에 첫 반품을 받았던 것 같다. 첫 반품이 집으로 왔었는데 왜 여기로 왔는지 이해하지 못했었다. 이 의문점의 해답은 샵플링의 [F][15]쇼핑몰기본정보에 있었다.

앞서 '자동수거'에 대해 설명을 했었다. 소비자의 원활한 반품/교환을 위해 쇼핑몰들은 자동으로 상품을 수거해주는 서비스를 제공하고 있다. 고객의 주소에서 수거한 상품을 상품에 등록되어있는 판매자의 반품/교환지 주소로 배송해준다. 그래서 우리가 쇼핑몰에 '상품별배송'으로 등록한 상품이라면 자동수거가 되었을 때 당연히 우리 집 주소(사업장주소)로 오게 되는 것이다. [F][15]쇼핑몰기본정보에 설정해놓은 나의 반품/교환지 주소(사업장주소)가 그 이유이다.

그러면 자동수거를 안 되게 막을 수는 없을까. 다행히 스마트스토어는 자동수거를 해지 할 수 있다. 스마트스토어 판매자 고객센터를 통해 요청하면 처리 가능하다. 그리고 인터파크는 자동수거가 없다. 소셜커머스는 판매자의 처리가 느리거나 고객의 항의가 있을 때 자동수거가 되곤 한다. 그러나 자동수거가 빠른 편인 쇼핑몰이 있는 데, 바로 11번가와 G마켓, 옥션이다.

무재고 셀러에게 반품 처리 방법으로 제일 좋은 것은, 소비자가 반품 신청 버튼을 누르지 않고 셀러에게 문의글이나 고객센터로 연락하는 것이다. 쇼핑몰에서 반품 신청 버튼을 누르면 상품의 수거 방법을 소비자가 선택하는 부분이 있어, 우리의 상황을 모르는 소비자는 당연히 직접 보내는 방법보다 기사님께서 상품을 가져가시는 방법을 선택할 것이다. 그래서 자동수거가 될 확률이 높기 때문에 되도록 소비자에게 반품 신청 버튼을 누르지 말고 따로 연락을 달라고 하는 게 좋다. 그렇지만 모든 것이 우리 뜻대로 되지는 않을 것이다. 그러니 반품 처리의 방법을 살펴보고 대처해보자.

1 우리가 신규 주문 건에 대해 샵플링으로 수집을 하는 것처럼, 반품/교환에 대한 클레임도 수집을 해야 한다. [B][1]자동주문수집 〉 [클레임수집하기] 버튼을 눌러 쇼핑몰에 있을 수도 있는 클레임을 샵플링으로 가지고 온다. 클레임이 수집이 되면 다음과 같이 파란색 글씨로 수집된 것을 확인할 수 있다.

2 클레임 주문 건의 [B][7]주문처리 〉 클레임수집구분에 '[반품접수]' 라고 표시가 생긴 걸 볼 수 있다. 선택사항2 〉 클레임여부 '전체'를 하면 클레임이 생긴 주문건들만 볼 수도 있다.

이제 무엇을 해야 할까. 반품에서 중요한 것은 누구의 잘못으로 반품을 신청했는지를 확인해야 한다. 해당 주문건의 관리 〉 [클레임] 버튼 또는 주문상태의 '발송완료' 버튼을 누르면 주문건의 상세페이지를 확인할 수 있다.

❸ 이와 같이 주문의 상세페이지를 확인할 수 있다. 하단의 ▣ 클레임 정보 〉 쇼핑몰 수집 클레임정보에서 사유를 확인할 수 있다. 그러나 구체적으로 누구의 귀책인지, 정확한 사유와 반품배송비의 결제 방법 등에 대한 정보는 보기 어려워 해당 쇼핑몰로 이동해야한다.

4 해당 주문 건은 스마트스토어라서 스마트스토어센터 〉 판매관리 〉 반품요청에서 확인할 수 있다. 다른 쇼핑몰이라도 반품처리 메뉴를 통해 확인 가능하다.

5 해당 반품 주문 건의 반품사유 부분을 클릭하여 구체적으로 어떤 내용인지 소비자가 작성한 내용이 있다면 확인 가능하다.

6 소비자의 반품사유, 반품배송비 등 반품 정보를 확인했다면, 이제 셀러인 우리가 반품신청을 해야 될 차례이다. 도매매에서 해당 발주 건을 검색하여 주문 상세페이지로 이동한다. [반품신청] 버튼을 눌러 바로 전에 파악한 내용대로 동일하게 신청한다.

7 반품 신청 창이 나오게 되는데 해당 쇼핑몰에서 확인한 내용을 바탕으로 반품사유, 반품개수, 배송정보기재, 추가요청사항, 이미지첨부의 반품정보를 입력한다.

'반품사유'를 통해 판매자의 귀책인지, 소비자의 귀책인지가 결정된다. 단순변심만 소비자의 귀책이고, 나머지는 판매자귀책을 의미한다. 예시로 가져온 반품 주문건의 사유는 배송누락이었으니 도매매에서는 상품미도착으로 신청해주면 된다. '반품개수'는 반품 주문건의 모든 수량을 반품할 경우는 전체반품, 일부만 반품할 경우는 부분반품을 의미한다. '배송정보기재'는 공급사가 수거지시를 하기 전에 먼저 반품 상품이 이동 중일 경우 택배사와 운송장번호를 입력해놓을 수 있다. '추가요청사항'은 추가적으로 설명할 부분이 있다면 내용을 적는 란이다. '이미지첨부'는 상품이 판매자 귀책으로 불량이라면 증거 사진을 함께 첨부한다. 웬만하면 판매자 귀책의 불량이라는 사유를 통해 반품신청이 쇼핑몰에 들어왔다면, 먼저 소비자에게 사진 또는 영상을 받는 것을 추천한다. 도매매에서 반품신청을 할 때 이미지첨부를 통해 한 번에 처리하면 편하기 때문이다.

반품정보입력을 모두 했다면 [반품신청하기] 버튼을 누른다.

⑧ 이렇게 도매매에 반품신청을 하면 공급사가 수거지시를 하여 소비자의 주소로 기사님이 방문할 수 있도록 해준다. 하지만 간혹 공급사가 반품신청을 못 보는 경우가 있어 확실하게 처리하기 위해서는 공급사 연락처로 수거 요청 연락을 하는 것이 좋다. 혹시 자동수거로 인해 나의 집으로 상품이 왔을 경우에는 소비자의 주소가 아닌 나의 집주소를 공급사한테 알려주어 이쪽으로 수거지시를 해달라고 연락하면 된다.

샵플링에서는 취소/반품/교환은 기록에 대한 역할을 한다고 했었다. 그래서 지금 이렇게 처리가 되고 있다는 상황을 샵플링에 일치하게 기록해준다. [B][7]주문처리에서 해당되는 주문 건을 선택하여 '반품접수'를 클릭하고, 클레임내용에 반품사유를 기재하고 [주문상태변경]을 누른다.

그러면 이와 같이 해당 주문 건의 '주문상태'가 '반품접수'로 바뀐 것을 알 수 있다. 이런 식으로 현재 주문 건이 어떤 상태인지 변화를 시킬 수 있다.

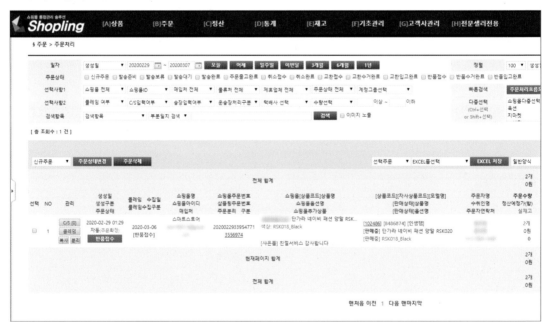

⑨ 반품 수거에 대한 일정은 택배사와 기사님의 사정에 따라 달라지기 때문에 확실하게 알기 어렵다. 그래서 보통 반품 신청을 하고 2~3일이 지난 뒤에 수거가 되었는지 공급사 연락처로 문의하는 것이 좋다. 수거되었다는 걸 확인했다면 다음과 같이 도매매에서 환불처리까지 받는다. 이렇게 과정을 거쳐 왔다면 이제 소비자의 반품신청을 승인할 준비가 다 된 것이다.

⑩ 이제 쇼핑몰로 가서 소비자의 반품 신청을 승인해주면 된다. 예시로 가져온 반품 주문 건은 스마트스토어 반품이었다. 스마트스토어센터 〉 판매관리 〉 반품관리에서 해당 반품 주문 건을 [반품완료처리] 하면 된다.

지금과 같이 명확하게 귀책이 판단되었고 공급사가 전체를 환불해주었기 때문에 바로 반품완료 처리해도 된다. 하지만 귀책에 대한 판단이 애매하거나 반품 배송비를 입금 받지 못했다면, 바로 반품완료처리를 하지 말고 문제 해결을 한 뒤 처리해야한다. 이에 대한 내용은 뒤에서 다시 다루겠다.

11 다시 샵플링 [B][7]주문처리로 돌아와서 주문상태를 변경하여 마무리하는 단계이다. 해당 주문 건을 선택하고 '반품수거완료'를 클릭한 뒤 [주문상태변경]을 눌러 이 주문 건이 어떻게 마무리되었는지 기록을 하면 끝이 난다.

교환

교환은 반품보다 더 어려울 수 있다. 반품은 수거된 후 셀러가 도매매에서 환불받고, 셀러도 쇼핑몰에서 환불해주면 끝났었지만, 교환은 환불이 아닌 다시 발송하는 과정이 있기 때문이다. 곧 교환은 재발송 되는 운송장번호가 필요하다는 것이다.

공급사마다, 상황에 따라 교환의 방법은 다르다. 교환의 방법은 2가지인데 '맞교환' 또는 '수거 후 재발송'이 있다. 맞교환은 재발송된 상품을 기사님께서 가져가서 수거될 상품과 맞교환을 하는 것이다. 이때는 반품과 비슷하게 기간이 소요된다. 반대로 수거 후 재발송이라면 처리 기간이 많이 소요 될 수 있다. 일단 상품이 수거 될 때까지 기다려야 되고, 공급사가 수거된 상품을 확인 후 재발송 처리하기 때문이다.

그리고 교환의 귀책에 따라서도 교환의 방법이 달라질 수도 있다. 소비자 귀책이라면 맞교환인 경우가 많고, 판매자 귀책이라면 재배송인 경우가 많다. 상품에 정말 문제가 있는지 직접 확인을 원하는 공급사면 먼저 수거 후 검수를 하고 재발송을 하는 경우가 있다.

만약 자동수거까지 되었다면 더욱 복잡해진다. 자동수거로 인해 나의 집으로 상품이 왔을 경우에는 반품과 동일하게 상품이 있는 나의 집주소로 수거를 요청하면 된다. 그러나 재발송은 소비자에게 되어야 되기 때문에, 수거와 재발송의 주소가 각각 달라지니 공급사와의 원활한 소통이 중요하다.

❶ 샵플링 [B][1]주문자동수집에서 [클레임수집하기]를 통해 교환 클레임이 수집되면 샵플링 [B][7]주문처리에서 확인 가능하다. 선택사항2 〉 클레임여부 '전체'로 하고 [검색]하면 클레임이 포함된 주문 건만 볼 수 있어서 편리하다.

교환 건이 있다면 해당 쇼핑몰에 접속하여 어떤 사유를 통해 교환신청을 했는지 교환 상세정보를 확인한다.

2 교환에 대한 상세정보를 확인했다면, 이제 도매매에 접속하여 해당 주문 건을 교환신청 할 차례이다. 도매매 해당 주문건의 상세페이지에서 [교환신청]을 누른다. 교환신청에 대한 정보를 입력할 수 있는 창이 뜬다.

교환사유, 교환개수, 배송정보기재, 추가요청사항, 이미지첨부의 교환정보를 입력한다. 반품과 동일하게 바로 전에 쇼핑몰에서 확인한 정보를 토대로 입력하면 된다. 모두 입력했다면 [교환신청하기] 버튼을 누른다. 반품과 동일하게 공급사의 확실한 확인을 위해서는 공급사한테 교환 요청 연락하는 것이 좋다.

3 교환도 샵플링에서 주문상태를 변경하여 기록한다. 교환은 해당 주문건의 관리 〉[클레임] 버튼을 통해 주문상태변경이 가능하다.

새로 나온 창에서 ▣ 클레임 정보 〉 클레임상태 〉 교환접수를 선택하고, 하단의 [클레임처리]를 누른다. 이 때 '교환접수시 신규주문생성안함'을 함께 체크하면 교환 재발송에 대한 신규주문 건으로 내역이 새롭게 생성되지 않는다. 체크를 하지 않으면 신규주문으로 한 개가 생성되기 때문에 헷갈릴 수 있어, 체크하는 것을 추천한다.

4 '맞교환' 또는 '수거 후 재발송'으로 교환이 진행되었다면 재발송 운송장번호를 받아야 된다. 공급사 연락처를 통해 전달 받거나, 도매매 해당 주문 상세페이지의 [교환진행내역]을 누르면 공급사가 적어둔 재발송 운송장번호를 확인할 수 있다.

5 확인된 재발송 운송장번호를 쇼핑몰에 직접 입력하여 교환처리 한다. 샵플링을 통해 신규 주문처리 시 쇼핑몰로 운송장번호 전송이 되었지만, 교환의 재발송 송장번호는 직접 쇼핑몰에서 입력해야한다.

6 샵플링에서도 동일하게 [B][7]주문처리의 해당 주문 건을 선택하여 '교환수거완료'로 주문상태를 변경한다.

3 _ 못 받은 반품비 받는 노하우

앞서 반품/교환을 어떤 순서대로 처리하는지 방법을 알아보았었다. 클레임은 항상 누구의 귀책인지가 중요했었는데, 이 귀책은 소비자의 판단으로써 처음 신청이 된다. 판매자 귀책일 경우, 반품 신청된 상품을 수거한 뒤 공급사는 검수를 한다. 이때 정상 제품이라고 확인될 경우에는 소비자의 귀책으로 바뀌기 때문에 반품 배송비가 필요하다.

소비자마다 이 사실을 전달했을 때 승낙하는 경우도 있지만 그렇지 않은 경우도 존재한다. 서로 입장이 다르다보니 분쟁이 생기기도 한다. 그리고 우리는 소비자와 공급사 중간에 있는 무재고 셀러이기 때문에 이 부분을 조율하기 더욱 어렵다. 그래서 이러한 경우를 대비하여 각 쇼핑몰에서는 처리 방법이 있다. 아래의 처리 방법과 함께 각 쇼핑몰 판매자 고객센터에 문의하여 해결하는 것이 좋다.

스마트스토어

1 스마트스토어센터 〉 판매관리 〉 반품관리에서 해당되는 주문 건을 선택하고, [반품거부처리] 또는 [환불보류 설정]을 할 수 있다. 반품이 불가한 상황일 때 사유를 기입하고 반품거부가 가능하다. 반품배송비 등의비용을 못 받았을 경우 환불이 안 되게 환불보류를 설정할 수 있다.

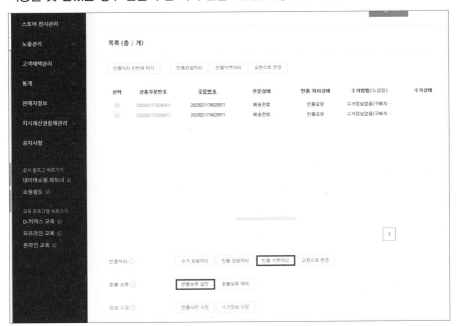

2 환불보류 설정 창에서 보류사유를 선택하고 반품 배송비 금액을 입력해서 [보류설정]이 가능하다. 이에대해 해결이 될 때까지 환불보류상태를 유지할 수 있다.

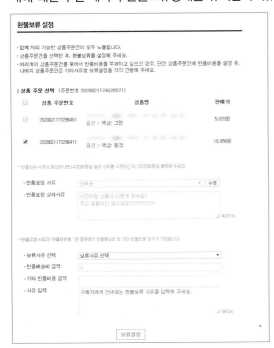

G마켓, 옥션

1 G마켓, 옥션에서는 이런 경우에 대비하여 쇼핑몰에서 심사를 하고 판매자에게 보상을 해주는 기능이 있다. ESM PLUS 〉 클레임관리 〉 반품관리에서 해당 주문 건을 선택하고 [보상요청]을 누른다.

2 보상요청 사유를 선택할 수 있고 받아야 되는 금액을 기입할 수 있으며, 이미지 첨부와 상세 사유입력도 가능하다. 이렇게 보상요청을 하게 되면 일주일 내로 쇼핑몰이 심사를 해서 보상에 대한 결과를 알려준다. 보상을 받게 될 경우 함께 해당 금액을 정산 받을 수 있게 된다.

11번가

11번가 셀러오피스 〉 주문관리 〉 반품관리에서 [반품보류], [반품거부], [반품추가금 요청] 기능이 있다. 구매자 귀책이었을 경우만 [반품추가금 요청] 이 가능하기 때문에 판매자 귀책의 경우 처리하기 위해서는 [반품보류]를 하고 판매자 고객센터를 이용하는 것을 추천한다.

티몬

1 티몬 스토어 파트너 센터 〉 클레임관리 〉 반품·환불 관리에서 해당 주문 건을 선택한 뒤 [추가 비용 청구]가 가능하다.

2 환불 추가 비용 청구 창에서 '반품배송비 청구'를 선택하고 금액을 적고 [확인] 버튼을 눌러 소비자에게 청구를 할 수 있다.

위메프

위메프 파트너2.0 〉 주문/클레임관리 〉 반품관리에서 해당 주문 건을 선택 후 [반품보류]가 가능하다. [반품보류]는 수거완료 처리 이후에 가능하다. 위메프는 판매자 고객센터에 연락하여 상황에 대해 설명하면 위메프에서 보상을 잘 해주는 편이니 활용하면 좋다.

쿠팡

쿠팡 wing 〉 반품/취소/교환 〉 반품관리에서 해당 반품 건을 선택하고 쿠팡확인 요청상태 부분에서 보상접수를 할 수 있다. 보상검토 후에 아래와 같이 보상승인이 되면 정산계좌로 해당 금액을 입금 받을 수 있다.

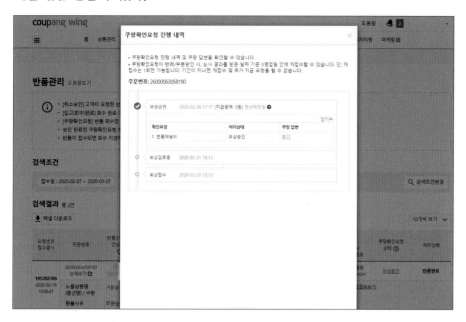

4 _ 도매매 상품 문의 답변하는 방법

쇼핑몰 고객관리에서 또 빠질 수 없는 것이 있다. 바로 '고객문의'이다. 내가 가지고 있지 않은 상품인데 어떻게 문의를 처리할 수 있을지 고민이 될 것이다. 만약 소비자의 문의가 상품 상세 페이지 속에서 확인 가능한 내용이라면 셀러가 판단하여 바로 답변해주면 된다. 판단이 어렵다면 소비자의 문의 사항을 공급사한테 문의 한 뒤, 공급사의 답변을 가지고 소비자에게 답변하면 된다. 혹시 공급사와의 연락이 원활하지 않다면 도매매 고객센터를 통해 도움을 받으면 좋다.

1 샵플링 [B][1]주문자동수집 〉[문의수집하기]를 통해 고객의 문의가 들어온 것을 확인할 수 있다. 쇼핑몰을 모두 선택하고 [문의수집하기]를 누른다.

2 [B][13]문의답변관리에서 수집된 문의를 확인할 수 있고, 해당 문의의 [답변작성]을 눌러 더 구체적으로 확인 및 답변 작성이 가능하다. 이곳에서는 소비자의 문의뿐만 아니라 쇼핑몰이 판매자에게 보낸 메시지들도 함께 수집이 된다. 그래서 여기서 확인 후 바로 상황에 맞게 처리하면 된다.

❸ 해당 문의를 확인 후 공급사에 문의하여 답변을 받고, 샵플링에서 답변을 작성하여 전송해주면 된다. 답 변내용 란에 답변을 작성하고 [답변저장]을 누른다.

❹ 답변을 저장하면 다음과 같이 전송결과(일자)에 '전송대기'라는 표시를 볼 수 있다. 이 상태에서 해당 문 의를 선택하고 [문의답변전송]을 누르면 쇼핑몰에 답변이 전송된다. 전송결과(일자)에서 '전송완료'를 확인할 수 있게 된다.

Chapter **05**

사업을 더 키워보자

내가 잘 벌고 있는게 맞을까?

사업을 진행함에 있어서 가장 중요한 것은 내가 돈을 잘 벌고 있는 지 아는 것이다. 판매를 진행하고 있는 쇼핑몰들의 정산주기를 이해하고, 나만의 사업가계부를 만들어본다. 그리고 개인사업자가 어떤 세금을 내야하고, 세금신고에 대해 어떻게 준비할 수 있는 지 살펴본다.

1 _ 내 통장에 돈이 찍히는 시기는?

이제 주문이 들어오고 있다면 궁금한 점이 생길 것이다. 언제 내 통장에 돈이 들어오는지에 대한 부분이다. 앞서 편의상 오픈마켓(스마트스토어, G마켓, 옥션, 11번가, 인터파크)과 소셜커머스(티몬, 위메프, 쿠팡)를 나눠서 설명했다. 이 두 분류는 크게 정산 주기의 차이가 있다. 오픈마켓은 보통 2~3주 안에 모두 정산되지만, 소셜커머스는 2달 정도 기간이 소요된다.

처음에 이에 대해 알았을 땐 그렇구나하고 넘어갔었지만 정산주기가 굉장히 중요하다는 것을 사업하면서 몸소 느끼게 되었다. 왜냐하면 쇼핑몰 사업에 있어서는 현금 자본의 흐름이 중요하다는 것을 알았기 때문이다. 정산주기가 너무 긴 쇼핑몰에만 매출이 집중되어 있을 경우에는 사업의 자본 흐름이 불안정할 수 있다. 그래서 내가 운영하고 있는 쇼핑몰의 정산주기를 알고 나의 상황에 맞게 집중할 쇼핑몰을 기획하는 것도 하나의 전략일 수 있겠다. 그러니 이제 스마트스토어부터 쿠팡까지 정산 주기를 구체적으로 알아보자.

스마트스토어

스마트스토어는 앞으로 설명할 쇼핑몰들 중에서 가장 정산주기가 빠르다. 스마트스토어센터 〉정산관리 〉정산내역에서 정산에 대한 정보를 확인할 수 있다. 나의 정산 예정일에서 '구매확정+1영업일'이라는 문구를 확인할 수 있다. 이는 소비자가 구매 확정한 날짜를 기준으로 구매확정일 + 1영업일이 되는 날 정산된다는 의미이다. 구매 미확정일 경우는 배송완료 후 8일차에 자동 구매확정이 된다.

G마켓, 옥션

ESM PLUS > 정산관리 > 정산내역에서 정산에 대한 정보를 확인할 수 있다. '정산 FAQ'를 통해 정산에 대한 내용을 자세하게 알 수 있다.

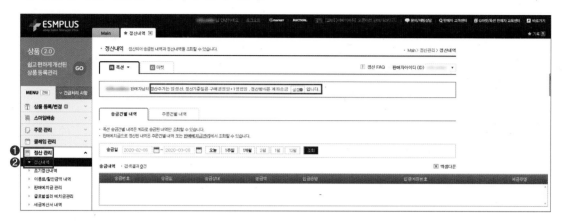

옥션은 송금방식에 따라 달라지는데 계좌송금을 기준으로 구매결정일 +1영업일이 소요된다. G마켓은 구매결정일 +1영업일이 소요된다. G마켓과 옥션의 소비자가 구매결정을 하지 않았을 경우 배송완료 후 8일이 지나면 자동으로 구매결정이 된다.

11번가

11번가 셀러오피스 〉 정산관리 〉 판매/정산현황에서 정산에 대한 정보를 확인할 수 있다.

11번가 고객센터 〉 FAQ 판매관련 〉 신규판매자가이드 〉 정산관리에서 정산주기에 대한 기준을 볼 수 있다. 11번가는 구매확정일 기준으로 2영업일 후 정산계좌로 입금이 된다. 소비자 구매 미확정일 경우 발송처리 기준으로 29일 후에 자동 구매확정 처리된다.

인터파크

인터파크 판매자매니저 〉 정산 관리 〉 정산내역조회에서 정산에 대한 정보를 확인할 수 있다.

인터파크 판매자매니저에서 판매자 가이드북 〉 인터파크 소개에서 정산주기에 대한 기준을 볼
수 있다.

구매확정일 경우 영업일 기준 익일 정산된다. 구매 미확정일 경우 출고완료 처리일로부터 10일 경과 후에 자동 구매확정처리가 된다. 인터파크는 타 쇼핑몰과 다르게 S-Money라는 사이버 화폐로 지급되며 판매자의 계좌로 출금시킬 수 있다.

티몬

티몬 스토어 파트너 센터 > 정산관리 > 판매현황 조회에서 정산에 대한 정보를 확인할 수 있다. [정산정책 보기] 메뉴를 통해 티몬 정산 정책에 대한 자세한 확인이 가능하다.

정산은 매월 1일~말일까지의 거래에 대해, 당월 말일에서 +35일이 되었을 때가 정산된다.

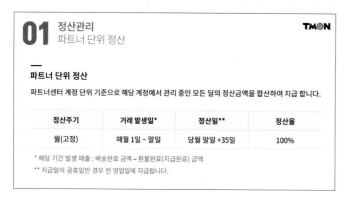

위메프

위메프 파트너2.0 〉 정산관리 〉 매출현황에서 정산에 대한 정보를 확인할 수 있다.

위메프 파트너2.0 메인에서 파트너 가이드 〉 정산/매출신고 가이드를 통해 자세한 내용을 확인 가능하다.

매월 1일부터 말일까지 판매된 거래에 대해 익익월 7일에 정산이 된다. 예를 들어 9월 거래는 11월 7일에 정산을 받을 수 있는 것이다.

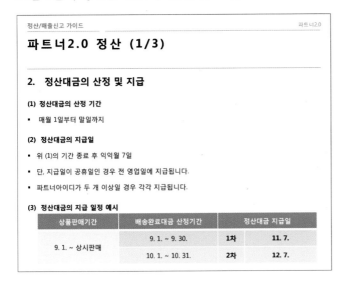

쿠팡

쿠팡 wing 〉 정산관리 〉 정산현황에서 정산에 대한 정보를 확인할 수 있다.

쿠팡은 구매확정을 기준으로 매출로 인식하며 주정산과 월정산 중 선택할 수 있다. 쿠팡 wing 〉업체정보 변경 〉판매정보 〉정산유형에서 변경가능하다.

쿠팡 wing 〉도움말을 통해 '정산정책'을 검색하여 쿠팡 정산에 대한 정책을 확인할 수 있다. 주정산은 1주간 구매확정된 주문으로 발생한 매출의 70%를 매주 마지막 날로부터 15영업일 후 받는 다. 나머지 30%는 매달 마지막 날 기준 익익월 첫 영업일 날 받게 된다. 월정산은 1달간 발생한 매출의 100%를 매달 마지막 날 기준 15영업일 후에 정산 받는다.

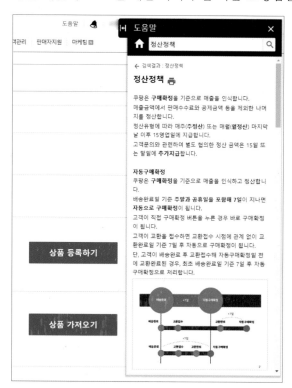

셀러봇캐시 (https://www.sellerbot.co.kr/)

위 쇼핑몰들을 일일이 방문하여 보는 것은 정확하지만 빠르게 확인하기는 어렵다. 그래서 이를 보완해줄 도구가 있는 데 바로 '셀러봇캐시'라는 서비스이다.

회원가입을 하고 판매몰을 연동시키면 각 쇼핑몰의 정산 데이터를 가져와서 편리하게 확인할 수 있다. 정산에 대한 내역을 알림 톡으로도 받을 수 있어 정산금액 체크를 쉽게 할 수 있다. 이 통계를 활용해서 바로 뒤에 순익 계산을 위한 엑셀에서 적용할 것이다.

2 _ 셀러에게 알맞는 회계 엑셀 만들기

앞서 정산이 언제 되는지 알았지만, 내가 정말 벌어들인 돈을 얼마일까? 내가 이미 발주하며 사용한 금액과 정산이 되는 금액을 비교하여 나에게 남는 순익이 얼마일지 궁금할 것이다. 모든 주문 건을 일일이 나에게 얼마가 떨어지는 지 계산하는 건 한계가 있다. 그래서 우리는 전체적으로 통계를 낼 수 있는 회계 장부가 필요하다.

쇼핑몰 사업은 단순히 수입과 지출만 계산한다고 내가 벌어들이는 순익을 알기는 어렵다. 우리는 정산 기간에 대한 부분도 생각해야 되고, 신용카드를 사용한다면 신용카드 결제일에 실제 돈이 출금되는 것도 고려해야한다. 그리고 도매매 e-money를 충전해서 발주를 하는 방식이기 때문에 일반 사업을 해서 판매하는 셀러와 또 차이가 있다. 나의 상황에 맞게 공식을 만들어야 되기 때문에 인터넷 상에 있는 자료들로 관리하는 것이 어려울 수 있다.

그래서 수입과 지출뿐만 아니라 수입예정, 지출예정을 함께 계산해서 순익을 계산한다. 엑셀을 통해 회계 관리를 하며 바로 전에 소개했던 '셀러봇'을 통해 '수입예정'을 알고, 아래에 소개할 '뱅크샐러드'를 통해서 '수입', '지출', '지출예정'을 알 수 있다. 수입과 수입예정을 더하고, 지출과 지출예정을 더해서 빼주면 '순익'을 계산할 수 있다.

그러면 '수입', '지출', '지출예정'을 알기 위한 도구로 '뱅크샐러드'부터 알아보자. 뱅크샐러드는 돈 관리 무료 어플이다. 폰에서 어플로 다운로드 받을 수 있고 공인인증서만 연결하면 따로 기입할 필요 없이 입금, 출금된 내역들을 알 수 있다.

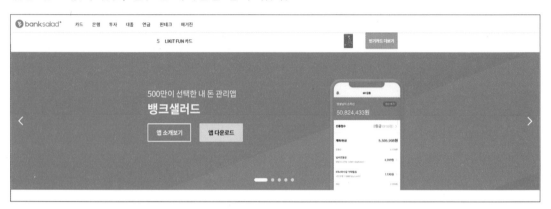

그러면 셀러봇과 뱅크샐러드를 활용하여 나만의 회계 엑셀을 만들어 보자. 엑셀 메인 첫 번째 시트에는 이와 같이 통계의 결과를 볼 수 있게 만든다.

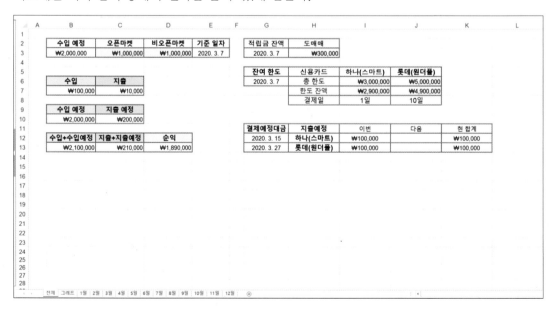

수입

수입은 실제 돈이 들어온 것을 의미하며 '뱅크샐러드'를 통해 확인 가능하다. 쇼핑몰에서 정산을 받거나 소비자에게 계좌로 입금 받는 경우 등이 있다.

엑셀 '수입' 부분의 함수는

=SUM('1월'!I7,'2월'!I7,'3월'!I7,'4월'!I7,'5월'!I7,'6월'!I7,'7월'!I7,'8월'!I7,'9월'!I7,'10월'!I7,'11월'!I7,'12월'!I7)

을 사용했다. 이는 뒤에 월별 시트의 수입 합계를 모두 더하는 것이다.

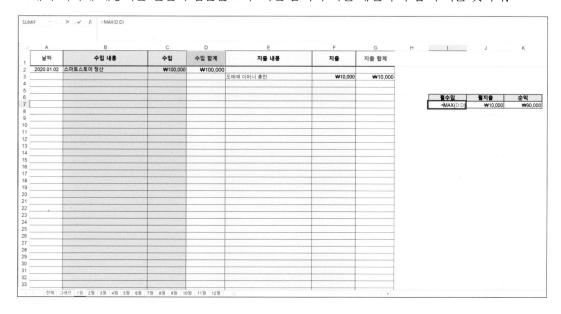

뒤 월별 시트는 이처럼 구성되어 있다. 이중 월수입을 모두 더하는 함수 =MAX(D:D) 를 사용했다. 그래서 여기에 해당되는 월별 수입들을 모두 더한 금액이 엑셀 메인의 '수입'이 되는 것이다.

지출

지출은 실제 돈이 나간 것을 의미하며 '뱅크샐러드'를 통해 확인가능하다. 도매매 e-money 를 충전하거나 신용카드 결제일에 카드대금이 출금되는 경우 등이 있다.

엑셀 '지출' 부분의 함수는

=SUM('1월'!J7,'2월'!J7,'3월'!J7,'4월'!J7,'5월'!J7,'6월'!J7,'7월'!J7,'8월'!J7,'9월'!J7,'10월'!J7,'11월'!J7,'12월'!J7)

를 사용했다. 이는 뒤에 월별 시트의 지출 합계를 모두 더하는 것이다.

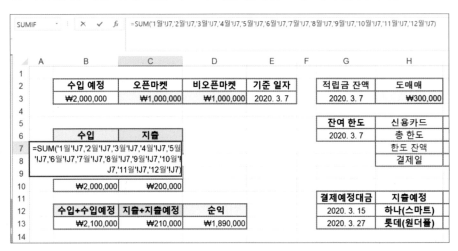

이 중 월지출을 모두 더하는 함수 =MAX(G:G) 를 사용했다. 그래서 여기에 해당되는 월별 지출들을 모두 더한 금액이 엑셀 메인의 '지출'이 되는 것이다.

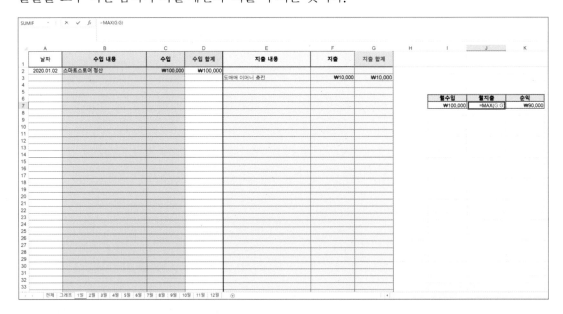

수입예정

수입예정은 '셀러봇캐시'를 통해 업데이트 일자를 기준으로 '오픈마켓'과 '비오픈마켓' 금액을 기입하면 더한 금액이 수입예정이 된다.

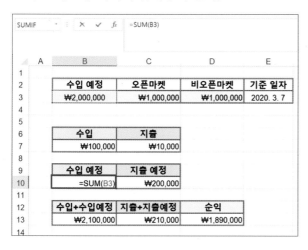

지출예정

지출예정은 신용카드 사용 금액을 의미하며 '뱅크샐러드'를 통해 확인가능하다. 엑셀 메인의 우측에 사용하고 있는 신용카드에 내한 정보들을 입력해둔다. 그리고 카드 대금 합계 부분을 모두 더하는 함수 =SUM(K12:K13)를 이용했다. 결제예정대금(신용카드)에서 '이번', '다음' 문구는 결제일에 따라 이번 달에 카드대금이 나가는 금액이 있고, 다음 달에 나가는 금액이 있어 나누었다.

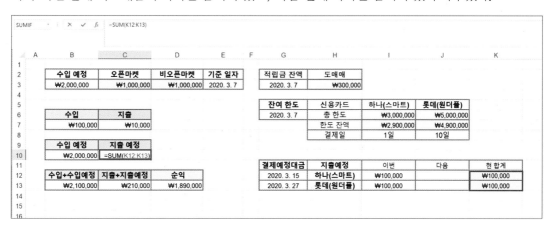

순익

=SUM(B7,B10) 함수를 이용하여 '수입'과 '수입예정' 금액을 더한다.

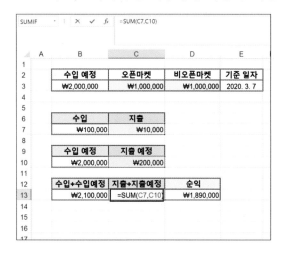

=SUM(C7,C10) 함수를 이용하여 '지출'과 '지출예정' 금액을 더한다.

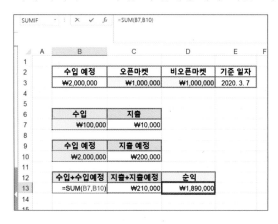

이제 마지막으로 '수입+수입예정'에서 '지출+지출예정'을 빼주면 순익을 계산 할 수 있다.

두 번째 시트는 이 순익을 계산할 때마다 기록하여 그래프를 볼 수 있도록 만들었다. 추천하는 것을 일주일에 한 번씩 회계 엑셀정리를 하면서 순익의 변화 추이를 기입하고 확인하는 것이다.

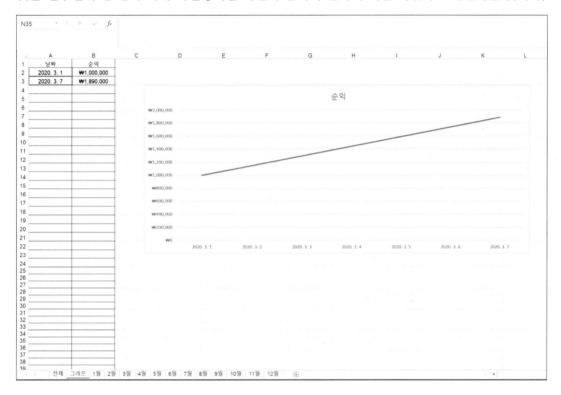

추가 정보

적립금 잔액

도매매 발주 시 사용하는 '도매매 e-money'의 잔액을 체크한다. 얼마 남지 않았다면 도매매에서 충전을 해주어 발주에 문제가 되지 않도록 한다.

잔여 한도

본인의 신용카드 전체 한도를 기입하고, 한도에 따른 잔액을 체크한다.

적립금 잔액	도매매		
2020. 3. 7	₩300,000		

잔여 한도	신용카드	하나(스마트)	롯데(원더플)
2020. 3. 7	총 한도	₩3,000,000	₩5,000,000
	한도 잔액	₩2,900,000	₩4,900,000
	결제일	1일	10일

3 _ 세금을 몰라도 세금 신고 준비 할 수 있다

사업을 시작하고 걱정 될 수밖에 없는 것은 바로 '세금'이다. 세금이 많이 나오면 어떡하지?에 대한 걱정과 어떻게 신고를 하는 거지?에 대한 고민이 공존한다. 세금에 대해 누군가 가르쳐주지 않기 때문에 스스로 먼저 세금에 대한 준비를 해두어야 한다. 세금에 대해 전문가만큼 알기에는 많은 시간이 걸릴 뿐만 아니라 힘이 든다. 그러니 우리에게는 필요한 부분만 준비해두고 전문가에게 맡기는 것을 추천한다.

사업을 시작하고 나서 크게 3가지의 세금을 내야한다. '등록면허세', '부가가치세', '종합소득세'이다. 등록면허세는 통지받는 부분에 있어서 납부만 하면 되기 때문에 어렵지 않다. 부가가치세와 종합소득세는 자료를 준비해두고 신고와 납부가 필요하다.

등록면허세

'등록면허세'란 행정 취득을 원인으로 하지 않은 등기·등록과 각종 면허를 받은 사람에게 부과하는 지방세이다. 이렇게 썼지만 말이 좀 어렵다. 쉽게 말해서 어떤 소득을 일으키는 사람에게 부과를 하는 세금이다. 등록면허세는 신고분, 정기분, 수시분으로 나누어진다. 신고분은 최초로 면허를 발급 받을 때 부과된다. 정기분은 매년 1월에 부과된다. 수시분은 면허 종이 변경이 되어 추가납부를 해야 할 때 부과된다.

정기분을 기준으로 설명하면, 면허 종류마다 책정되어 납부해야 한다. 그리고 2019년까지는 사업자의 일반과세자만 냈으나 2020년부터 간이과세자도 등록면허세를 내야한다.

납부방법은 여러 가지가 있는 데 크게 직접 방문 납부와 인터넷 납부가 있다. 방문 납부는 세무부서 또는 행정복지센터에서 납부 가능하다. 인터넷납부는 위택스(www.wetax.go.kr), 인터넷지로(www.giro.or.kr) 에서 납부 가능하다. 그 중 '위택스(Wetax)'의 활용법을 소개하려한다.

1 위택스는 구글 크롬(chrome) 브라우저보다는 인터넷 익스플로러(Internet Explorer)를 추천한다. 컴퓨터마다 다를 수 있지만 익스플로러를 사용하면 인터넷 결제가 원활해진다. 개인 은행 공인인증서를 통해 로그인하면 사업자 정보를 자동으로 확인할 수 있다.

2 납부하기 〉 지방세를 클릭하면 바로 내가 납부해야 할 등록면허세를 볼 수 있다.

3 앞서 설명했던 면허 종류마다 책정된다는 의미를 여기서 이해할 수 있다. 사업자가 여러 개 있다면 사업자마다 등록면허세를 납부해야 되는 것이다. 납부해야 할 대상을 모두 체크하고 [선택 납부] 버튼을 누르고 결제 수단을 선택하여 납부하면 된다.

부가가치세

'부가가치세'란 생산 및 유통의 각 단계에서 생성되는 부가가치에 대해 부과되는 조세이다. 우리나라에서는 현재 최종가격의 10%의 부가가치세를 포함하고 있다.

우리는 사업자등록을 할 때 과세에 대해 선택을 했었다. 이 책을 읽고 있을 무재고 셀러는 대부분 '간이과세자' 또는 '일반과세자'일 것이다. 간이과세자와 일반과세자에 따라 납부하는 세금에 대한 공식이 달라진다고 보면 된다. 또한 신고/납부 기간도 달라진다.

간이과세자

간이과세자는 1년에 1번 신고/납부를 한다. 1월 1일부터 12월 31일까지의 사업실적에 대해 다음해 1월에 신고/납부를 한다.

'매출액 X 부가가치율 X 10%' – '공제세액 (매입세액 X 부가가치율)' = 납부세액이 된다. 이때 부가가치율은 업종별로 달라진다. 업종별 부가가치율은 전기·가스·수도 사업은 5%, 소매업, 음식점업 등은 10%, 제조업, 숙박업 등은 20%, 건설업, 부동산임대업, 기타 서비스업은 30% 로 되어 있다.

일반과세자

일반과세자는 1년에 2번 신고/납부를 한다. 1월 1일부터 6월 30일까지의 사업실적에 대해 당해 7월에 신고/납부를 한다. 7월 1일부터 12월 31일까지의 사업실적에 대해 다음 해 1월에 신고/납부를 한다.

'매출세액(매출액 X 10%)' – '매입세액(매입액 X 10%)' = 납부세액이 된다.

위처럼 구분을 알았다면 우리에게 필요한 것은 '매출액'과 '매입액'을 알아야 된다는 의미가 된다.

신고를 위해서는 홈택스(www.hometax.go.kr)를 통해 직접 전자신고를 하거나, 신고기간에 세무서에 방문하여 신고를 무료로 도움 받을 수도 있다. 아니면 세무사를 통해 의뢰하여 신고를 맡길 수도 있다. 세무사를 찾기 위한 방법으로 '찾아줘 세무사(www.findsemusa.com)', '세무통(www.semutong.com)' 서비스가 있으니 확인해보면 좋다.

세무사에게 의뢰를 하더라도 세금 신고에 필요한 자료는 우리가 준비해야 되기 때문에 아래의 내용을 숙지해야한다. 그러면 신고에 필요한 '매출자료', '매입자료'를 준비해보자.

매출자료

매출은 입점해서 판매가 이루어졌던 쇼핑몰의 정산관리 부분에서 매출에 대한 내역을 확인할 수 있다. 과세 기간 동안의 소비자가 결제했을 때 사용한 결제 수단별(신용카드, 현금영수증, 기타)로 합계를 내주면 된다. 엑셀 파일을 하나 생성하여 기간에 따른 합계를 내면 보다 편리하게 정리할 수 있다. 아래 매출을 정리한 엑셀 표 예시를 가지고 왔다. 이처럼 엑셀을 만들어서 하나씩 칸을 채우면 된다. 그러면 이제 이 칸들을 채우기 위해 정보가 쇼핑몰의 어디에 있는지 확인해보자.

기간	신용카드	현금	기 타	합 계
옥션				
지마켓				
11번가				
스마트스토어				
인터파크				
쿠팡				
티몬				
위메프2.0				
합 계				

• 스마트스토어

1 스마트스토어센터 〉 정산관리 〉 부가세신고 내역에서 확인가능하다.

2 기간을 설정하고 [검색] 버튼을 눌러 금액을 확인한다. 도매매 상품들은 거의 대부분 과세 상품이다. 면세로 쇼핑몰에서 잘못 인식이 될 가능성이 있다. 확실하게 면세 상품으로 확인된 게 아니라면 과세로 계산하면 된다.

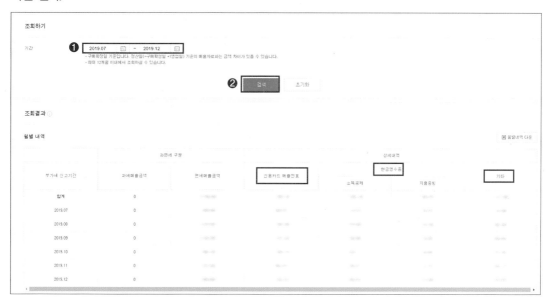

• 옥션/G마켓

1 옥션의 매출을 확인하기 위해서 ESM PLUS 〉 정산 관리 〉 부가가치세 신고 내역 〉 옥션에서 확인 가능하다. 해당 기간을 [조회]하여 확인한다.

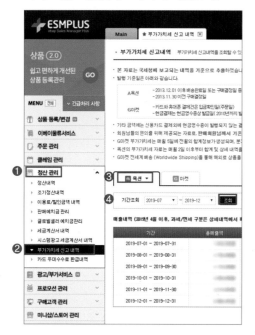

2 해당 금액들을 엑셀에 기입하여 결제수단별 합계를 낸다.

3 G마켓의 매출은 같은 페이지에서 바로 옆 구분을 옮겨서 확인 가능하다.

• 11번가

1 11번가 셀러오피스 〉 정산관리 〉 부가세신고내역에서 확인가능하다. 해당되는 월을 선택하여 결제수단별로 확인한다. 혹시 11번가의 복수아이디가 있다면 동일한 방법으로 확인하여 합계를 낸다.

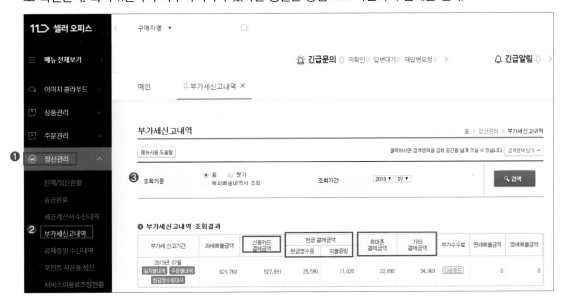

• 인터파크

1 인터파크 판매자매니저 〉 정산 관리 〉 세무관리 〉 판매대행신고내역에서 확인 가능하다. 해당 기간을 설정하고 [조회]한다. 월별로 [내역확인] 버튼을 누르고 [엑셀다운로드]를 하여 엑셀 파일 안에서 확인을 한다.

2 다운받은 엑셀을 열어서 '결제구분'별로 필터를 넣는다. 해당 열을 모두 드래그로 셀을 잡으면 하단 우측에 합계를 편리하게 확인 가능하다.

• 티몬

1 티몬 스토어 파트너 센터 〉 정산관리 〉 매출·매입내역 〉 매출내역에서 확인 가능하다. 해당되는 기간을 선택하여 [합계내역 조회]를 한다. 여기서 티몬이 권장하는 신고 바업 정보들도 참고하자.

• 위메프

1 위메프 파트너2.0 〉 정산관리 〉 부가세신고내역 에서 확인 가능하다. 해당되는 기간을 선택하고 [검색] 버튼을 누른다.

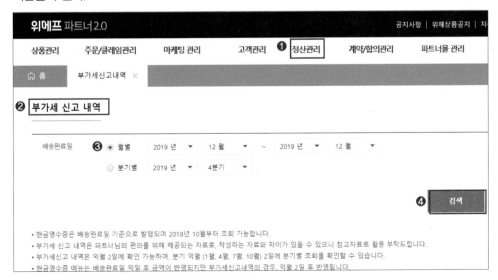

2 해당 기간 동안 소비자의 결제수단별 금액을 확인할 수 있다.

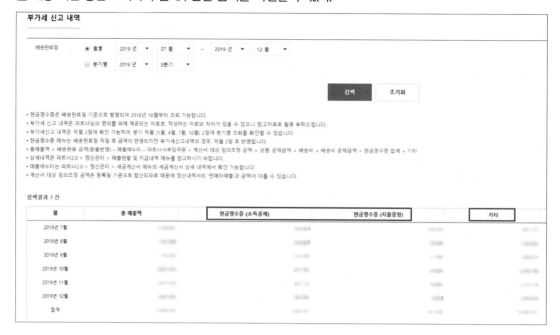

• 쿠팡

1 쿠팡 wing 〉정산관리 〉부가세 신고내역에서 확인 가능하다. 월별조회를 통해 기간을 설정하여 [검색] 한다.

매입자료

매입자료는 매입에 현금을 사용했는지, 카드를 사용했는지에 따라 자료 준비 방법이 달라진다. 매출은 신고기간에 임박해서 정리를 해도 되지만, 매입은 판매가 시작이 될 때부터 설정을 해주어야 편하다.

현금(도매매 e-money)

우리는 무재고 셀러로서 도매매 e-money를 사용하여 발주를 하고 있다. 도매매 e-money는 현금에 해당된다. 도매매에서 아무 상품이나 장바구니에 넣어 결제정보를 확인해보면 현금영수증 발급 부분에서 도매매 발주 금액들이 모두 '사업자지출증빙용'으로 되고 있는지 확인해야 된다. 혹시 확인이 어렵다면 도매매 고객센터 1:1 문의를 활용한다.

위처럼 설정을 해놓는다면 홈택스 〉 조회/발급 〉 현금영수증 〉 현금영수증 조회 〉 매입내역(지출증빙) 조회를 통해 확인 가능하다. 추후에 세금 신고 시 해당 내역을 끌어올 수 있다.

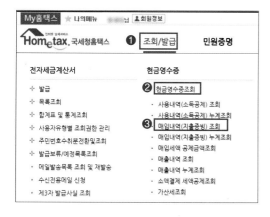

사업용신용카드 등록

홈택스에 카드를 등록하는 이유는 사업용으로 지출된 내역을 편리하게 가지고 올 수 있기 때문이다. 홈택스에서 신용카드, 체크카드 모두 등록이 가능하다.

1 홈택스 〉 조회/발급 〉 현금영수증 〉 사업용신용카드 등록에서 가능하다. 등록을 해두면 '매입내역누계조회'에서 그동안 사용한 내역의 합계를 확인할 수 있다.

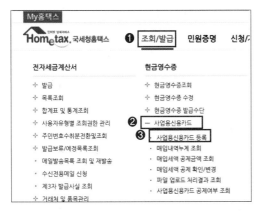

2 등록할 해당 사업자와 카드사, 카드 번호를 입력해서 [등록접수하기]하면 된다. 카드가 등록이 될 때까지 기간이 걸리기 때문에 신고기간에 임박해서 하면 적용이 되지 않는 것을 참고 해야 한다.

종합소득세

'종합소득세'란 모든 소득을 종합하여 과세하는 조세를 의미한다. 이제 사업자로서 사업소득이 생겼기 때문에 매년 5월에 신고/납부를 해야 한다. 이 기간이 가까워지면 다음과 같이 집으로 우편이 오게 된다. 우편에 적혀있는 내용을 참고하여 신고를 진행하면 된다.

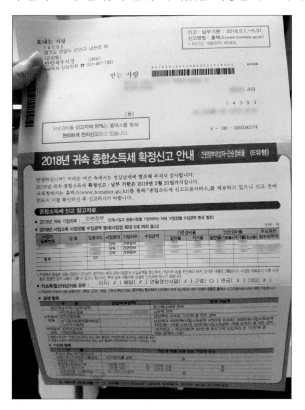

종합소득세는 부가가치세보다 많이 복잡하다. 부가가치세와 동일하게 홈택스(www.hometax. go.kr)를 통해 전자신고를 하거나, 신고기간에 세무서에 방문하거나, 세무사에 의뢰하여 신고하면 된다. 이전에 종합소득세 신고를 의뢰했었는데 15만원의 비용을 지불했었다. 대체적으로 1회 신고 의뢰 시 15만원 내외의 가격대였다. 세무사가 요청하는 자료를 준비해서 세무 서비스를 활용하는 것을 추천한다. 종합소득세 신고를 위해 필요한 자료는 개인마다 달라지지만 쇼핑몰 셀러라면 대부분 부가가치세 신고내역, 연말정산간소화문서(사업자) 등이 필요하다. 이 자료들은 세무사가 요청하는 대로 인터넷에서 다운로드하여 전달하면 된다.

02

정부의 도움을 받자

사업을 하며 정부 지원 프로그램을 활용하여 스스로 기회를 만들어 갈 수 있다. 특히 셀러에게 도움이 되는 수수료 지원과 무료 사무실 임대 등 여러 프로그램들이 있다. 열심히 상품 판매를 진행하며, 동시에 기회를 찾아 더욱 더 사업을 키울 수 있다.

1 _ 정부지원사업으로 수수료 지원받자

이제는 온라인 거래가 늘어나고 판매하는 셀러도 증가하면서 온라인 시장이 점점 커지고 있다. 이처럼 온라인 시장이 활성화됨에 따라 정부에서도 각종 지원 프로그램들을 많이 만들고 있다. 수수료를 줄여주거나 환급을 해주고, 쇼핑몰 운영에 관련된 비용을 지원해주고 있다. 이와 같은 프로그램은 누군가 적극적으로 알려주는 것이 아니기 때문에 스스로 챙겨야 된다. 추천하는 방법은 일주일에 한번씩 관련 사이트를 방문하는 것이다. 정보를 찾고 기회를 스스로 발견하여 가져갈 수 있다.

온라인 판로 지원 사업

공통적으로 '온라인', '판로' 라는 단어가 들어가는 지원 사업을 찾으면 셀러에게 필요한 지원 프로그램일 확률이 높다. 아래 소개할 사이트에서 주로 온라인 셀러를 위한 지원 프로그램을 운영하고 있으니 참고하면 좋겠다.

서울유통센터 (www.smc.sba.kr)

SBA 서울유통센터 홈페이지 〉 사업소개 〉 온라인판로지원에서 확인 가능하다. 사업장 주소가 서울이라면 신청가능하며, 매월 신청을 받고 있다. 2017년 5월 이후에 개설한 스마트스토어이며, 네이버 스마트스토어 연매출 5억원 미만인 기업이면 되고, 홈페이지 내에서 바로 신청 가능하다. 선정이 되면 스마트스토어 네이버 쇼핑 매출 연동 수수료를 3년간 지원받을 수 있다.

경기도시장상권진흥원 (www.gmr.or.kr)

해당 기관 프로그램 중 대표적으로 '국내 판로지원사업'이 있다. 경기도 소재인 사업장을 대상으로 하며, 판매가 이루어지면서 발생한 수수료를 일정 금액 환급해주고 있다. 또한 판매에 대한 수수료뿐만 아니라 상세페이지 제작, 마케팅 광고비 등으로도 지원하는 프로그램도 있다. 프로그램마다 서울유통센터와 같이 정기적인 프로그램이 아닐 수 있기 때문에 홈페이지를 통한 확인이 필요하다.

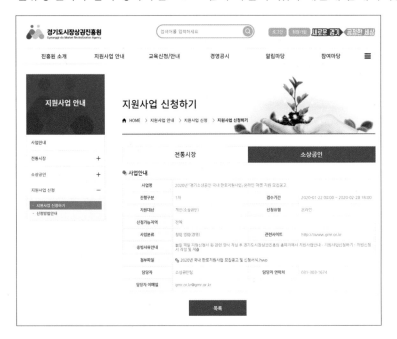

소상공인시장진흥공단 (www.semas.or.kr)

전국적으로 온라인 쇼핑몰을 시작하거나 기존 쇼핑몰을 활성화시키기 위한 다양한 프로그램들을 지원하고 있다. 첨부파일을 다운로드 받아 자격 조건과 지원 내용을 확인하여 나에게 맞게 활용하면 좋다.

창업기업지원서비스 바우처

K스타트업 (www.k-startup.go.kr) 〉 사업화 〉 창업기업지원서비스 바우처 〉 사업안내를 통해 내용 확인이 가능하다. 세무·회계, 기술보호를 위한 비용을 최대 1백만원 한도로 지원하고 있다. 앞서 세무사에게 세금 신고를 의뢰할 경우 발생할 비용을 이 지원사업을 통해 지원받으면 좋다.

스마트스토어 제로수수료

'스타트 제로수수료'란 스마트스토어 창업 초기 사업자에게 12개월간 결제수수료를 무료 지원하는 프로그램이다. 스마트스토어센터 〉 판매자정보 〉 판매자등급 〉 스타트 제로수수료에서 [신청] 버튼을 통해 신청 할 수 있다. 앞서 소개한 SBA 온라인 판로 지원사업과 제로수수료 둘 다 선정되면 수수료 없이 판매가 가능해진다.

판매자정보 ∧

판매관리 프로그램 페널티 정책

판매 페널티	제재 단계	점수조회
0점 / 0%	주의	기간별 페널티 조회

판매자 정보
정보변경 신청
상품판매권한 신청
심사내역 조회
판매자 등급
매니저 관리

지식재산권침해관리 ∨

공지사항 ∨

공식 블로그 바로가기
네이버쇼핑 파트너
쇼핑윈도

교육 프로그램 바로가기
D-커머스 교육
오프라인 교육
온라인 교육

스타트 제로수수료 스타트 제로수수료 안내   ❸ 신청

승인 조건

구분	조건	현황
사업자 유형	국내 사업자	충족
사업자 가입 승인일 ⓘ	간이 과세자 최근 20개월 미만 일반 과세자 최근 13개월 미만	충족 : 2019.05.27.
사업자 상태	정상	충족
사업자 판매등급	새싹, 씨앗	충족
국세청 가맹점 등급	영세, 중소1 가맹점	충족 (영세 가맹점)

· 스타트 제로수수료 신청시, 대표자 휴대전화 본인인증이 필요하며, 대표자 휴대전화 본인인증 외 기타 다른 본인인증 수단을 제공하지 않습니다.
  스타트 제로수수료 도움말 살펴보기 〉
· 매출금액 조회는 국세청 사이트에서, 가맹점 등급 관련 조회는 여신금융협회 사이트에서 확인해 주세요. ♪
  국세청 https://www.hometax.go.kr/ → 신용카드 매출 자료 조회 메뉴에서 로그인 후 조회
  여신금융협회 https://www.cardsales.or.kr/ → 로그인 후 매출 조회 (카드사 가맹점으로 등록된 사업자만 가능)

2 _무료로 사무실 구하는 비법

무재고 셀러라면 노트북만 있으면 어디서든 일할 수 있다는 큰 장점이 있다. 그래서 따로 사무실을 임대하지 않고 집에서나 카페에서 일할 수도 있다. 그래도 추천하는 것은 일하는 공간과 쉬는 공간을 분리하는 것이다. 그래서 부담이 사용할 수 있는 무료 사무실을 지원해서 시작하면 좋다.

현재 정부에서 '1인 창조기업 지원센터'라는 이름으로 1인 기업을 위해 사무공간을 지원하고 있다. K스타트업 (www.k-startup.go.kr) 〉 시설 · 공간 〉 1인 창조기업 지원센터에 대한 정보를 확인할 수 있다.

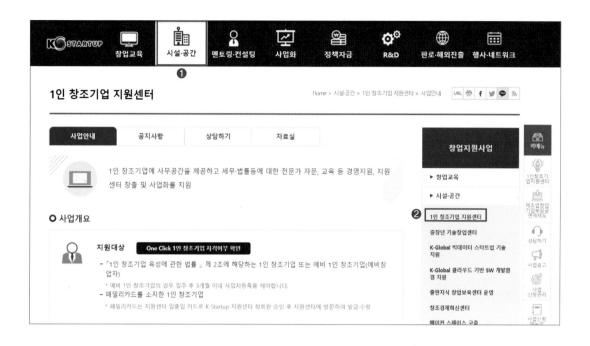

서울, 경기만 있는 것이 아니라 지방에도 지역별로 있다. 유형에서 '공공'과 '민간'이 있는데, 민간일 경우 유료일 수 있으니 참고하자. 그리고 기관마다 모집하는 기간이 모두 다르기 때문에, 해당 기관의 연락처로 연락하여 언제 모집을 하는 지 확인하는 것을 추천한다.

· 문의처

- 창업진흥원 교육문화부 (042-480-4479)
- 1인 창조기업 지원센터 정보

지역	유형	주관기관	협력기관	주소	연락처	상세보기
서울	공공	서울 성북구	서울상공회의소	서울 성북구 동소문로 63 드림트리빌딩 6층	02-2241-3984	🔍
	민간	메트로비즈니스	-	서울시 강남구 강남대로 136길 11 5, 6층	02-547-8007	🔍
	민간	한성케이에스콘	-	서울시 금천구 가산디지털1로 196 1206호	02-6670-0021	🔍
	공공	서울시 마포구	서강대학교 산학협력단	서울 마포구 매봉산로 18 마포창업복지관 601호	070-7727-4100	🔍
	민간	오피스허브	-	서울시 강남구 개포로 508 소망빌딩 B1	02-445-8005	🔍
	민간	하우투비즈	업라잇포지션 (여의도센터)	서울시 영등포구 국회대로 72길 4 5층	1644-4812	🔍
			업라잇포지션 (강남센터)	서울시 강남구 논현로 537 (역삼동, 명프라자빌딩 2층)	1644-4812	🔍
	민간	오퍼스이앤씨		서울시 서초구 방배동 910-12 보령빌딩 3층	02-6221-2022	🔍
	공공	한국방송통신전파진흥원	스마트미디어산업진흥협회	서울시 마포구 성암로 189 중소기업 DMC 타워 10층	02-3151-0750	🔍

아래에 실제 필자가 1인 무료 사무실에 지원했을 때의 서류를 가지고 왔다. 각 지역별로, 기관별로 다 요구하는 서류가 다르니 꼼꼼히 확인하여 서류를 제출해야한다. 내가 진행하는 사업이 어떤 것이며, 사무실을 이용하면서 어떤 점을 목표로 이뤄나갈 것인지 작성한다.

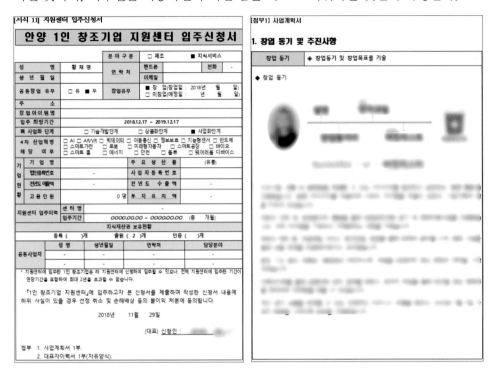

대부분 서류심사를 통해 1차 선정이 되면 2차 발표심사의 기회를 얻게 된다. 대부분 발표심사는 PPT를 제작하여 심사위원 앞에서 사업에 대한 소개를 하고 질의응답을 받는 다. 발표심사를 거쳐서 최종 선정에 대한 결과를 알 수 있다. 이렇게 무료 사무실까지 얻었다면 이제 사업에 전념할 일만 남았다.

샵플링 사용방법 동영상 보는 방법

샵플링 공식 유튜브 채널을 통해 샵플링 사용 방법 동영상 가이드를 무료로 볼 수 있다.

책 내용과 관련 동영상을 함께 보면 샵플링 프로세스를 이해하기가 더 쉽다.

1 유튜브(youtube.com)에서 "샵플링"을 검색한 후 샵플링 아이콘을 클릭한다. 또는 샵플링 공식 유튜브 계정을 직접 입력해서 접속한다.

• 샵플링 공식 유튜브 계정 : https://www.youtube.com/c/샵플링

2 샵플링 공식 유튜브 계정에서 책에서 소개된 샵플링 사용 방법과 관련된 다양한 주제별 가이드 동영상을 살펴본다.

재고 걱정없는 인터넷 상품판매

배송대행 서비스가 있다고?

무자본 · 무점포 · 무재고 판매의 꿈

도매매가 답 이다

온라인 판매 관리 복잡하고 어렵다구요?

온라인 통합솔루션 샵플링으로 간편하고 빠르게 관리하시요~

상품등록/주문수집/송장전송/통계관리/재고관리를 한번에~

온라인 판매는 샵플링이 답이다

【샵플링 1개월 무료사용 쿠폰 사용 방법】

'샵플링' 1개월 무료사용 쿠폰의 사용 방법은 다음과 같다.

[주의사항] 무료사용 쿠폰은 신규 회원가입이 완료된 이후부터 1개월 동안만 사용할 수 있기 때문에 사업 준비가 완료된 상태에 사용하는 것이 좋다.

1 샵플링(https://www.shopling.co.kr) 메인화면에서 [회원가입]을 클릭한다. 회원가입 페이지에서 약관 및 개인정보 수집/이용에 동의하고 사업자 인증 내용을 작성한 후 [다음 단계] 버튼을 클릭한다.

2 회원가입 2단계 페이지에서 사용자 정보를 입력하고 [다음 단계]를 클릭한 후 회원가입 3단계 과정을 진행하여 완료한다. 사용자 정보 중 '※ 판매 정보 ※'의 '기입경로(추천인기재)' 입력란에 다음 무료이용 쿠폰 번호를 입력한다.

📋 회원가입 1단계	📋 회원가입 2단계	📧 회원가입 3단계

■ 사용자 정보 입력

※ 기본 정보 ※

[필수] 대표 아이디   입력후 아이디 중복버튼 클릭   [아이디 중복확인]

※ 대표 아이디는 관리자 접속 시 슈퍼 아이디로 사용됩니다.

[필수] 비밀번호 확인   10자이상으로 생성

※ 비밀번호는 10자 이상 특수문자 조합으로 생성하세요.

[필수] 비밀번호 확인

[필수] 취급상품 카테고리   == 카테고리 선택 == ▼

[수정불가] 회사명   프로멘토

[수정불가] 사업자번호   139 - 90 - 34769

[수정불가] 대표자명   조주연

사업자등록증 파일   [찾아보기...]

[우편번호 찾기]

[필수] 주소

※ 판매 정보 ※

판매처 정보
- ☐ 오픈마켓(옥션, 11번가, 인터파크, 스토어팜 등)
- ☐ 종합몰(롯데닷컴, Hmall, 신세계몰, AK몰 등)
- ☐ 홈쇼핑몰(롯데홈쇼핑, 현대홈쇼핑, GS홈쇼핑, CJ홈쇼핑, 홈앤쇼핑 등)
- ☐ 소셜(쿠팡, 티몬, 위메프 등)
- ☐ 전문몰(하프클럽, 패션플러스, 플레이어, 무신사, 바보사랑, 1330K, 아이스타일24 등)
- ☐ 개인몰(카페24, 고도몰, 메이크샵 등)

현재 사용중인 관리자 프로그램

가입경로(추천인기재)   —— 쿠폰번호 입력

※ 제휴 정보 ※

제휴 업체
제휴 업체명 : 제휴업체 선택 ▼ 로그인ID API KEY (해당 제휴업체만 입력)
제휴 업체명 : 제휴업체 선택 ▼ 로그인ID API KEY (해당 제휴업체만 입력)
제휴 업체명 : 제휴업체 선택 ▼ 로그인ID API KEY (해당 제휴업체만 입력)
제휴 업체명 : 제휴업체 선택 ▼ 로그인ID API KEY (해당 제휴업체만 입력)
제휴 업체명 : 제휴업체 선택 ▼ 로그인ID API KEY (해당 제휴업체만 입력)

※ 샵플링 솔루션 상품 버전 선택 ※

[필수]
- ○ 통합버전
- ○ 오픈마켓버전
- ○ 해외직구버전

[이전 단계]   [다음 단계]

【샵플링 1개월 무료사용 쿠폰 사용 유의사항】

- 본 쿠폰은 유효기간 내 신규 신청 시에만 사용 가능하다.
- 본 쿠폰은 한 번만 사용 가능하며, 중복 사용은 불가능하다.

【샵플링 1개월 무료사용 쿠폰 사용 및 인터넷 강의 10% 할인 문의 안내】

❶ 샵플링 1개월 무료사용 및 인터넷 강의 10% 할인 쿠폰 관련 문의는 앤써북 고객센터 이메일 주소로 보내주면 최대한 빠른 시간에 답변 받을 수 있다.

- 앤써북 고객센터 : answerbook@naver.com

[샵플링 1개월 무료사용 및 인터넷 동영상 강의 10% 할인 쿠폰 번호]

**8AD3B993
590B1353**

❷ 1억뷰 Njob "황채영 대표" 인터넷 강의 10% 할인 쿠폰 사용 방법

쿠폰NO. 위 쿠폰 번호 사용

"무조건 이기는 사업만한다" 대학생 소자본 성공신화

동영상 10% 할인쿠폰

"재고없이 오픈마켓으로 월 1천만원 수익만들기"

[사용시 유의 사항]

- 본 쿠폰은 양도, 판매, 현금교환, 환불이 불가합니다.
- 본 쿠폰은 한 아이디당 1회에 한하여 사용할 수 있습니다.
- 본 쿠폰은 1억뷰 Njob "황채영대표" 인터넷강의 수강신청 시에 사용 가능합니다.
- 본 쿠폰은 유효기간 내에서만 사용할 수 있습니다

※ 등록 및 사용방법
로그인 >내강의실> 쿠폰현황 > 쿠폰등록 후 사용

[유효기간] ~2021.12.31까지
* 이용 상세 홈페이지 참조

NEW 이커머스 쇼핑몰 셀러 교육플랫폼, njob.willbes.net

1억뷰N잡 ▼   검색